綠島金夢

陳玉峯——著

致謝

本研究暨出版全由蘇振輝董事長爲深耕台灣文化而贊助，特此致謝！

受訪人：蔡居福先生、林秀玉女士、何富祥先生、李秋香女士、謝印銓先生、劉志良先生、謝怡娟女士、鄧旗松先生、楊尚賢先生、姚麗吉校長、施勝文先生、林靜雯女士等，以及幫助筆者廣播的望春風電台林妍如小姐、陳亭吟小姐、嚴玉霜小姐、王志吉先生等，一併在此誌謝！

我是來搏感情的

楠弘貿易
董事長 蘇振輝

二月底，突然收到教授寫來的《綠島金夢》，隨手一翻才眞正明瞭教授又標下大型工程，台灣夢工程「風雲台灣、談古說今」，先前教授曾在電台中告訴我，他在電台有個廣播節目，但一直無法清楚廣播節目內容，直到看到這篇深夜所寫序文，我的內心感到一陣溫暖和震動，因爲八年來，歷經歲月淬鍊，終於可以確定教授是「台灣土地的守護神，而且也是台灣的土地公」，「能夠讓他付出，就是他的福報，對於這節目，他只是來搏感情的！」聽到這句話不禁讓我眼眶泛淚。

四十年來，長期接觸台灣山林土地的洞察，二〇一四年造訪綠島，只是無意中的契機，竟然發掘這片橫跨二百多年的綠島傳奇故事，相信這是教授多年來敏銳的特別觀察，長期所累積的功力，才能在二十一天有如神力加持，完成這篇沉寂地底的達悟靈魂出土史，過程中就像電影的情節，充滿靈異傳奇，相信這也是最好的電影題材。

故事中主角之一——阿賢先生，現實人生也是橫跨黑白兩道，至今尙在牢獄中，而教授在結語中下標：「二〇一五年春，我撰寫這部《綠島金夢》的過程中，領悟、確定阿賢仔本來就是佛門宗師，只緣過去世破戒，今生得受厘劫，且經由綠島先輩因緣而脫胎換骨，重返清淨地。因此，我敦請他開始回溯一生際遇，如同玄天上帝剖腹，拉出腸肚洗淨，得道之後，再回收成龜蛇，濟化世人。」是的，每個人的一生就是一個故事，而且不分身分地位，富貴貧賤，只要忠於自己靈魂，相信出生在台灣這塊島嶼，將是非常精彩而獨特的個體，完全不亞於世界名著！

回想一生中，出生在台灣土地，所看到經歷的，至今我相信，台灣人的特質在世界上是非常特別的，而且和台灣山川、地形的特質完全吻合，從二〇〇〇年至今，相信歷經十五年的扁馬統治，使台灣的社會將更走向成熟的未來，台灣人民將更有智慧主導這塊島嶼未來的走向，相信在人民努力下，用心的生活，繼續未完成美好的夢，最後，沿用教授這句話與大家共同勉勵：「能夠讓我付出，就是我的福報，我是來搏感情的！」

二〇一五・三・十五

邊緣給中心的擁抱

導演 王小棣

應該是四歲左右進了幼稚園自己能用筷子吃飯的時候吧？腦子裡留下的一個最恐怖的印象就是大人不斷夾來堆在你碗上的菜，滿滿的快要掉下來，那是一個不可能浪費食物和兒童沒有發言權的年代，「不吃完不准下桌!!!」有時還會有筷子敲敲菜盤來加強這個指令的威武，於是望著搶救不完的飯碗邊緣，對「邊緣」留下了愁苦的印象，對「中心」則是歡欣期待。

最近兩年，在各種報章雜誌上最常看到的一句警示就是：「……不簽服貿，台灣一定會被邊緣化。」這句話讓我來來回回又把「邊緣」想了幾遍，發現除了幼年的愁苦，它跟我的關係還真不淺。邊緣幾乎可以描述我的所有狀態，比如說我是哪裡人、比如說我的學校成績、比如說我對於這句警示之所以反感的所有理念，「反服貿就是無知、仇富……」有人這麼罵著。

怨懟之中，我就想到了我的「永遠是中心」的朋友陳玉峯，永遠是中心當然是把他和自己對照得到的說法，因爲他是從幼稚園到台大的好學生，他更是一個從頭到尾都是以台灣爲中心來做學問的學者。當然，針對這一句警示他肯定有比我更理直氣壯的辯證，不一定能解決我的困擾。那麼，邊緣與中心，這麼遙遠的差距，爲什麼我們會變成好朋友呢？幾乎變成一道高級數學問題的感覺……

看到這本書稿，我開始想像綠島都是達悟人的年代、想像達悟人被屠殺的場面、想像看守著黃金的六個日本軍官的故事、想像被五十二塊黃金牽引出幾代孤魂的這個「台灣人」的樣子……所以綠島是台灣的邊緣嗎？台灣又是時代悲劇的邊緣啊？如果沒有這個以台灣爲中心並且永不停止探索、追尋、記錄的作者，這麼重度邊緣的故事應該早就灰飛煙滅不留痕跡了吧？

闔上書稿，心裡的悸動終於讓我知道，我其實滿喜歡邊緣，而且其實每個邊緣都有自己的中心啊！「只有沒有中心的邊緣才會被邊緣化吧?!」我想。所有的憤慨都變成了一種溫暖的動力，遠遠的想給「永遠是中心」的好朋友一個緊緊的擁抱，對於「中心」依然是歡欣的期待啊!!!

不怕俗念起，只怕正覺遲！

前台南市政府教育局長　鄭邦鎮

一、耐人尋味的開端

陳玉峯教授的「半部小說」《綠島金夢》稿成，囑我作序，我樂於先讀爲快。我讀他的自序，開首竟瑣瑣細數，強調撰寫全文所費的，極少的「工作天數」，我實不解。這似乎是在自誇神勇，或甚至是無關宏旨地濫充篇幅吧，這怎是我認識的陳玉峯？

等我通讀全稿之後，才恍然大悟，這篇書前自序，作者眞的必須是這樣交待，讀者必須是這樣從頭細讀，才能理解幾百年來的台灣鬱卒，與綠島奇冤。在牽動千頭萬緒的自然與人文、哲學與宗教、天地與鬼神、「黃金」與「皇金」之間，作者及所受訪的底層人物們，爲何會在極短時日內，像極光雷射般，鬼斧神差地輻輳在一起，有如在三度面向之外加上了時間和秩序的五度空間裏騰駕筋斗雲；有如在凡聖兩岸間，去來自如，而最終可能揭曉綠島與台灣古史中一段從未曝光的祕辛！

記得五十年前，初讀梭羅的《湖濱散記》時，就有過類似的經驗。那號稱自然主義的世界文學名著，怎麼劈頭第一章就大剌剌地標示著「經濟篇」，而內容卻又瑣碎到詳列那日花了幾元幾角幾分購買幾種種籽、多少繩子、一支鐵鎚、幾根鐵釘，又劈了多少枯木柴火之類的流水帳，就跟我當時準備大學聯考的高三寄宿生活一般，雜記簿裡盡寫些「今天剃頭五元，陽春麵三元，肥皂二元」，這也算世界級的散文名著嗎？從第一章我就無法欣賞，我且疑且怪，反覆咀嚼，納悶良久。後來經一個未讀過的人說：「那何不從第二章讀起？」經此一改，果然讀來醍醐灌頂，沁人心脾，終嘆爲極品。此時回頭一看，頓覺人要不是甘願過著第一章那般「經濟」的生活，其實終歸無法從物慾層次昇華，去嚐盡華爾騰湖畔的自然與性靈的情趣。所以，梭羅的確應該那樣寫，而讀者的確應該依序讀下去，否則不見博大精深，也就不成其爲《湖濱散記》了。

二、顛覆的正義

在一個社會裏，凡是思想不得自由，那麼所謂博大精深、聖美善眞，可能都只是一廂情願，或是控制下的假相。

譬如記憶中，小時候的警車和消防車，都是紅色的，而且幾乎獨佔紅色。當時還沒有計程車，一般高官座車、禮車和租車（海爺，Hire），都是黑色的，叫做「黑頭ㄚ車」，表示氣派尊貴；其他民眾有車的，叫做「自家用e」，五顏六色，但絕少紅色的；至於稍後（1968）起漸漸淘汰人力三輪車，而有了初期的計程車，都規定必須是「國產」的「裕隆牌」的，但也仍是五顏六色，只是車頂上加裝一個燈寫著「出租」或「計程車」，車身既非紅色，也還不像後來（1991）起的「小黃」，一律黃色。

從管理上看，這些其實是既威權專制，毫不理性，又不近人情，只能說是外來殖民統治者的橫柴入灶，反正一切戒嚴，始末原委沒得商量，全部「我說了算」的手段。後來終於有省議員質詢，又經過許多論辯，才保留紅色給消防車，白色給救護車，墨綠給軍方，而開放選擇顏色的自由給自用車。從此，一般人喜愛的紅色也不再是禁忌了。至於警車則改爲一般人民不會選用，而又容易辨識的制式黑白兩色和斑馬紋。台灣的汽車文明，說來一路崎嶇蹣跚，光是顏色的自由挑選一項，已經得來不易。

然而，這說明了不服從既定價值體系是必要的；懷疑、抗辯、探索、冒險、犧牲、憧憬，都是必要的；甚至採取行動、踏出步伐，都是必要的。因爲那才是知識和思想的壯遊。藝術批評家蔣勳說：「壯遊的壯字，包含了一種深刻的、跟當地文化沒有偏見的對話關係。」陳玉峯的《綠島金夢》，正是台灣族群史上一次絕塵的壯遊，他正挺身懷疑、探索，試圖掙脫四百年歷史偏見桎梏的壯遊著！

三、誰是陌生人？

這部《綠島金夢》，好像意在透過許多不相干的「陌生人」，來提醒我們要「記得款待陌生人」！

紀曉嵐的《閱微草堂筆記》裡有一個〈戲溺髑髏〉的故事，說：

> 佃戶張天錫，嘗于野田見髑髏，戲溺其口中。髑髏忽躍起作聲曰：「人鬼異路，奈何欺我？且我一婦人，汝男子，乃無禮辱我，是尤不可！」漸躍漸高，直觸其面。天錫惶駭奔歸，鬼乃隨至其家，夜輒在牆頭簷際，責詈不已。天錫遂大發寒熱，昏瞀不知人。
>
> 闔家拜禱，(鬼)怒似少解。或叩其生前姓氏里居，鬼具自道。眾叩首曰：「然則當是高祖母！何為禍于子孫？」鬼似悽咽曰：「此故我家耶？幾時遷此？汝輩皆我何人？」眾陳始末，鬼不勝太息，曰：「我本無意來此，眾鬼欲借此求食，慫恿我來耳。渠有數輩在病者房，數輩在門外。可具漿水一瓢，待我善遣之。大凡鬼恒

苦飢，若無故作災，又恐神責，故遇事輒生釁，求祭賽。爾等後見此等，宜謹避，勿中其機械。」

眾如所教。鬼曰：「已散去矣。我口中穢氣不可忍，可至原處尋吾骨，洗而埋之。」遂嗚咽數聲而寂。（卷四）

另外，據說，草書大師、前監察院長于右任，受不了員工隨地小便，就寫了張「不可隨處小便」的告示貼於牆角。大師墨寶難得，所以很快有人把字條當墨寶揭去，裁開，重組為「小處不可隨便」，墨寶遂得登大雅之堂。據說「不可隨處小便，小處不可隨便」這十二字還掛在監察院長辦公室。

上文張天錫行為不檢的故事，就是隨處小便，竟尿到祖宗嘴裏，從而惹禍上身。故事說的是「不可隨處小便」，其實也在警告世人「小處不可隨便」。

當然，《閱微草堂》的意境，應不止此；而《綠島金夢》的心法，更遠過於此。《聖經．希伯來書》說：「要用愛心款待陌生人，因為那陌生人可能是天使。」(13:2)我甚至覺得，也許我們款待的陌生人，曾經款待過天使。何況，在百千萬劫的無始輪迴中，每個陌生人都可能曾是或將是我們的天使、貴人或親人；甚至人間的每個「明天」，每個「下一步」，也都可以算是一個陌生人。新加坡的開國神話說，島嶼守護神美人魚海花，因爲觸怒海底暴君，被咒詛而變成彈塗魚。新加坡人因此相勉善待彈塗魚，因爲每隻都可能是美人魚海花！所以，不管在紀曉嵐的筆記故事，或在我們的生活周遭，究竟誰才是陌生人，恐怕還值得仔細思索。而陳玉峯《綠島金夢》的旨歸，恐怕又更深刻、更慘烈、更神聖地超越於此！

四、「新史學」的腳步聲

有個日本故事說，一次強烈地震過後，田野路上一整排電線桿全部一面倒了，地震學家都來研究，專業理論全用上了，還是不知道爲什麼只有其中一根倒向相反的方向。最後是在一旁看熱鬧的做田阿伯丫說他知道，那一根是他設法把它推翻過去的，原因是那一根原先倒在他的田裏。

又有一個小趣事說，當幾個外地人在爭論高雄的「九曲堂」三個字，應該讀文音或白音才能展現地名本意時，在地人說，其實是由此地舊名「九腳桶」轉來的。證明了各種專業意見對九曲堂發音的推敲，純屬多餘。

這令我想起一個笑話。兩隻烏龜在較勁，看誰龜縮得比較久。有個專家就說，這隻殼上刻有文字的，叫甲骨文，應已死五千多年了。另一隻一聽，就伸出頭來說：「哼，死的，不早說，還比個啥！」這時有刻字的那隻也伸出頭來，說：「哈，你輸了！專家的意見你也聽！」

當事人，當地的事，他們自己最了解，人也應該首先了解自身的事。專家、權威、外來的框架或禁忌，未必友善，未必眞誠，未必可信，所謂「盡信書，則不如無書」，其實這就是「新史學」的精神和意涵。

史學家杜正勝提出「新史學」的「同心圓」理論，就在指出史地教育的概念和知識，要從一個人的立足點——他自己，他的家人，他的家，做爲圓心，然後隨著成長和人際關係，畫出逐步向外擴大的同心圓，代表穩健合理地擴大他的視野。張炎憲教授等等深耕力行的口述史、庶民史、田野調查等等，正是這種「新史學」概念的落實。

在台灣，這就是建構台灣主體性和主體歷史的希望工程，也是要據以矯正並反擊所謂傳統的，特別是中國國民黨強行帶來的大中華霸權、大中國論述的洗腦教育體制所規範的「舊史學」系統那種一切摒棄本地，而專採用幾千年前、幾萬里外的統治者的觀點和論斷，來灌輸其「政治正確」的價値體系；也就是那套，說到歷史就是從三皇五帝到推翻滿清，那是你既未出生，也從未參與的時代；說到地理就是西起帕米爾、東至太平洋、北至薩彥嶺、南至中南沙，而絕不包含你的家；以這種斷根斷種、離枝離葉的虛無，做爲規定每一個台灣人必須接受的，從起始到終極的史地認知的殖民教育，來達成崇拜「人類救星、世界偉人、自由燈塔、民族長城」蔣介石，來桎梏全體台灣人的靈魂永遠做個認賊作父的可恥民族！

在這種殖民教育下，南京大屠殺才是屠殺，清代文字獄才是恐怖，黃花崗七十二烈士才是烈士；台灣被中國國民黨屠殺、箝制、逼迫的，不算；即使英勇抵抗、威武不屈、壯烈犧牲、焚而不毀的，也不算。萬一有人讀到聽到想到，也不行，所以要透過「課綱微調」閹割眞正台灣史實，刪除二二八，刪除白色恐怖，刪除鄭南榕，以符合中國國民黨據以殖民統治的「舊史學」的緊箍咒！

中國佛教星雲大師宣布：「台灣沒有台灣人，台灣只有中國人。」這話從這位聲名遠播的高僧口中傳出，實在格外令人遺憾。好在有個郭冠英，在他的目中和嘴裏，台灣是有高級外省人，其餘是台巴子。說起來這已比星雲大師仁慈寬厚得多了。至於台灣最先的原住民，根本不在「舊史學」的尊重範圍內，所以像英國移居北美十三州的「五月花號」移民所舉行，感謝北美原住民印第安人的「感恩節」，台灣不但從未發生過，相反的，台灣原住民四百年來，從最有文獻的西拉雅族到最缺文獻的達悟族，同樣幾經外來者的屠殺、迫遷、弱化和漠視！

陳玉峯的《綠島金夢》，言近指遠，眼界心法就在這裏！

五、從荷蘭人、鄭成功到馬英九，全部掃清！

綠島一日遊，綠島兩日遊，似乎成了年輕人時髦觀光旅遊風氣。有個學生跟我說，反正那裏沒有公共運輸，而有很多出租摩托車，租期一日夜間，租金固定，油料固定，沒用完可惜，所以就日夜不停漫無目的的持續騎著繞行，直到油料耗盡，總算值回票價。所以當地居民，其實得不償失，而且很不得安寧。這跟都會消費中「吃到飽」式的暴殄天物，並無兩樣，而所有外人帶進來的汙染、噪音，全由綠島承受，其餘無人聞問。

近年綠島除了阿扁總統時期建構了人權園區，算是對國民黨以來白色恐怖下慘絕人寰的冤獄黑牢加以揭露之外，更幽微、更久遠的祕辛，其實仍未出土，甚至仍未觸及。這也才是《綠島金夢》的聚焦所在。

唐代詩人陳陶的〈隴西行〉，說：

誓掃匈奴不顧身，
五千貂錦喪胡塵；
可憐無定河邊骨，

猶是深閨夢裡人。（《唐詩三百首》）

這是唐代（618～907）詩人陳陶（812～885）歎詠西漢（—203～008）時代李陵（？～074）奉命討伐匈奴，而犧牲五千將士，有去無回，使得故鄉親人空惆悵的史詩。不說天人乖隔，卻說不識愁滋味的天眞少婦猶在夢中日夜守候丈夫的歸來！

百年三萬六千日，何況從漢到唐守候八百年！這是何等的場景，需要何等的詩情想像啊！《綠島金夢》就是如此，不是黃金而已，不是白骨而已，也不只是幾百年的問題而已，這是陳玉峯教授在蓄積數十年台灣自然生態研究之後，又融入最近十年磨一劍的宗教哲學體悟，再加上最近所受綠島英靈的啓發，而耙梳出來的「從荷蘭人到馬英九」的綠島與台灣辛酸史。作者更語重心長地直嗆：「接下來上演的，絕對是限制級的靈界大戲！」我個人認爲，陳玉峯從「台灣生界舞台」，蜿蜒來到他自覺此刻爲自己靈魂原鄉台灣而作的台灣國殤——《綠島金夢》——這一部告別從荷蘭人、鄭成功到馬英九的台灣冤屈泥淖腐臭史，轉而寄望於能夠在明年二〇一六撥亂反正的本土政權。就在這一步上，他像是由此得到救贖般地吶喊：「終於貫串完整的台灣自然史！」

台灣建國雖然尚未成功，但台灣既不應在被扭曲、被脅迫下而不建國，也不能在曖昧渾沌上含糊借殼上市，茫然建國。所以陳玉峯甚至寄語在白色力量與太陽花運動後二

○一六的台灣總統，能夠破除中國國民黨殖民神話的黨國禁忌，而用眞正的國家高度，建置「台灣國家太廟」，以期「一舉釐清國之根本」！

六、台灣的反省，從綠島出發！

一九四五，二戰結束以後，人類對戰爭做過許多反省，特別是民間和知識界。

例如戰勝國美國的反省，啓動得很早。一九五九，美國人文學者羅希和，就以科幻小說《地下第七層》，率先深刻反省核戰的罪惡，並警告美蘇兩大核能陣容的對峙，可能帶給全球生界毀滅性的浩劫！

戰敗國的日本，反省更早。日本文學家竹山道雄早在一九四七，就開始創作兒童文學少年小說《緬甸的豎琴》，他以溫柔的筆觸描寫在緬甸戰場失利的日本兵，一部分成爲英軍的俘虜，更多的人或曝屍戰場或從人間蒸發的悲劇。日本投降後，在被遣返的日軍中，一位上兵水島，既在戰爭洗禮下了悟生死，也學會緬語，而決心出家爲僧，甘心留在當地，發願爲所有亡者一一埋骨安魂。由於故事感人，以致小說讀者大大跨越兒童及少年的年齡層；一九五六更由日本大導演市川崑拍成同名電影，感動全世界！

其實，不止二戰後的世界在反省，一九八二年英國兒童文學小說《戰馬》，就直接描寫了一九一四年一戰期間，在英德兩軍一次肉搏前線上，雙方士兵同時爲了營救一匹陷入鐵蒺藜裏垂死掙扎的無辜戰馬，而展現出無差別的赤子之心，感人肺腑。該書二○○七改爲舞台劇，二○一一更由史帝芬史匹柏拍成電影，熱映於各國。

台灣，最近百餘年來，從一八九五由戰敗的滿清中國毫無理由地永久割讓給戰勝的日本；到一九四五由戰敗的日本無奈地放棄，又毫無來由地被戰勝的美國轉交給戰勝的中國裡面的戰敗的蔣介石，再由蔣介石竊佔並戒嚴禁錮，以據爲其所謂「反攻大陸」神話的跳板，以致台灣在戰後新生的百餘國家中，反而獨獨落空而成爲共產中國武力脅迫的歹命噩運，至今未得翻身，所以根本無暇「反省」戰爭議題，一切的價值體系，仍然繼續陷在中國國民黨與中國共產黨的論斷操弄當中！

我認爲這才是《綠島金夢》企圖一舉從根跳脫的形上命題。

七、俗念不害正覺

《綠島金夢》單獨看是一本小書，而寄情至深，留下的伏筆更是無限綿長。這是靈界奇譚？島國春秋？尋金熱線？或是一部政治小說？我說有何不同？又有何不可！看看《湖濱散記》作者梭羅的其他作品吧；看看陳冠學的散文《田園之秋》吧；看看陳玉峯的其他著作吧；至少細細咀嚼他在本書的前後序跋吧！

最近報導，美國有一位八十四歲的老人，是曾經兩次遭擊落而九死一生的退役越戰飛行員，他後來從事藝術收藏而致富，並成爲作家。五年前他在山上埋藏了一個價值數百萬美元的寶盒，而公開獎勵年輕人尋寶，指引的九條線索則隱藏在他的作品《追逐的快感》一書中，這幾年已各有幾萬人因此四處尋寶。他相信寶盒的價值夠吸引人，他說：「年輕人不要總是待在家裏玩電腦、發簡訊，最好是出門到山上去。」這是他的用心。

《綠島金夢》不就是從「尋金」出發的嗎？本書結束時，「黃金」尚未尋獲，只是中途意外踩到「皇金」線索，未來可能尋獲更多甚至創造更大的寶藏。因爲從荷蘭、鄭成功到日本時代所累積爲數高達至少一八二〇公斤的黃金下落，尚待追蹤，何況本書人物所感應到的有情靈異現象！《孫子兵法》說：「深山大澤有天地之寶，無意於寶者得之。」今後，尋金的何妨尋金，驗DNA的儘管嚴驗，安魂的誓願安魂，大家各就各位，善行其是就對了！

佛家有「五眼」之說，肉眼、天眼、慧眼、法眼、佛眼。五眼俱全，慈悲所至，何患不能！一塊「鐵」無論如何也做不成的事，換成質量形狀完全相同的「磁鐵」，卻能做成，關鍵在有無「磁場」而已。回顧一下作者書前自序所述，全書之所以能夠迅速完成，不就是緣自於此嗎？書中所採所集各方「素人」之「如是我聞」，不正是「無意於寶者」嗎？何況，不怕俗念起，只怕正覺遲。天佑綠島，天佑台灣！

自序

陳玉峯

二〇一五年元月四日我開撰《綠島金夢》，也決定接受「綠逗」王美琇女士的邀約，擔任每週二至五，早午十至十一時的《台灣夢工程》廣播節目，而成大及東海的課程於一月十四日結束，我恰好可以運用寒假預錄與撰寫。於是，從一月四日至二月二十日（農曆大年初二），我傾全力撰成《綠島金夢》全文，並錄製了《台灣夢工程》節目八十七輯。

也就是說，在四十七天期間，扣除掉上課四天；爲台南市政府國中、小校長考試出題並改考卷一天半；二次前往高雄、一次台北、北港合計約三天；煮飯、洗碗等家事三十一天，以每天三小時計，折合約八個工作天；撰寫雜文四篇、聽音樂會一次、祭弔友人三次、友人來訪三次、準備過年事務，折合約四個工作天；撰校〈印度佛教史〉教案等約三萬字，折抵四個工作天；前往阿里山三天，折合二個工作天；還有看中醫、生活雜事、例行運動等不計，粗估我只剩二十一個工作天。

這二十一個工作天內，我前往台中望春風電台十五次（天），每次最少錄音五小時。

而二月十九日春節當天完成《綠島金夢》全文草稿約七萬多字，並承蒙「快樂聯播網」台中台嚴玉霜台長在大年初二，擔任音控師，幫助我完成講述金夢連續十個小時（十輯）！

之所以拉里拉雜細數流水帳，是因爲二月二十一日（初三）突然疲累，而稍加回顧，猛然察覺《綠島金夢》的撰寫有如神助，而且，我只是順其自然地趕工，有些日子是熬夜寫到清晨，總算在二月二十日完成文字稿以及口述故事。

我認爲最可能是綠島英靈的協助，我的撰寫幾乎沒有修改或遲疑，就順著筆勢，一氣呵成。我是以撰寫研究報告的方式寫小說，也以寫小說的方式趕報告。於是，這部半歷史、半小說、半宗教哲學、半研究報告、半靈異故事的民間傳奇就呈現在世間。

就我年歲而言，似乎可算是飛快。

如今的我，只要還可以爲這片土地、生靈、非生靈盡點力，就是我最大的福報！

關於我靈魂原鄉的台灣，我感恩這部小說的最後，讓我完全沒有經營、毫無計畫地，自然而然寫出了台灣的國殤，這或許是四百年來最被台灣人所忽略的環節。感恩綠島神靈賦予我，終於貫串完整的台灣自然史！

這四十七天內，我的心思集中在本書的撰寫，以及廣播節目的準備與錄音室內的講述，因而我常弄不清楚我是在寫稿或講述，因爲完全是同一心情。

是以這篇自序的下大半，就以我在二〇一五年一月三十一日，預錄節目的開場白〈廣播人的告白〉，用以代表撰寫本書的心情：

親愛的聽眾朋友（讀者），陳玉峯做這個節目以來，三不五時會無法度適應，因為自己一個人面對著一塊玻璃（一張白紙），一直講（寫），也不知在講給誰人聽（看），甚至有種講不下去的感覺，有時就像史蒂芬麥坤，被囚禁在惡魔島黑室中的喃喃自語。而當我收聽別人的廣播，卻是一八〇度逆轉的不同心境，我可以客觀、理智地研判他講得如何。所以，當我做到這第四十三輯的時候，我必須先講個小小主題：「廣播人的告白」。

廣播有多類型。二年前的某天，我在嘉南大圳北幹線的旭山橋做研究調查時，暗頭仔在野外聽見這樣的廣播：「……有鹽水虱目魚、有虱目魚丸，足婧吔南洋仔、大肚魚、四腳仔，喔——有蝦仁、有魩仔魚、鹽……有虱目魚丸、槓丸、花枝丸……有狗母魚脯……有午仔魚、豆仔魚、鱸魚、白帶魚、瘦肉（秋刀魚）……趕緊來買！……」後來，我到了果毅後鎮西宮，恰好看到、聽到該廣播人最後一次呼叫鄉人來購買。

這種廣播很單純，純粹告知、通知。也有只呼叫特定人的廣播，例如：張君雅

我在三十八層樓高的空中播音告白。（2015.1.10；台中）

小妹妹趕快回家吃泡麵之類的。

若是親像咱吔節目咧，目的是什麼?!我講的「秘件」，有的很精緻，有的很粗魯，有當時啊還會誶幹譙！有的很現實，有的很抽象、很深沉；有的單純得只是分享，有時候卻又恨鐵不成鋼。但是，因為我看不到聽眾朋友的目珠，也不知道你聽有寮仔門嘸？畢竟我一世人演講、上課，都是目珠金金面對著一雙雙眼神，我能感知你的體溫，你可分享我的心跳。但是現在，我在廣播台上，茫茫渺渺。

這讓我想起二十多年前，我在「台灣文化學院」開了一門課。有個小姐惦惦坐在固定的位子，她從來沒缺過課，但是她好像不太有表情。我講到精彩處，大家都很high，都很有反應，偏偏這個小姐都是靜靜的。到學期末了，我實在凍袂條啊，我就指著她：「這位同學，妳是聽有我咧講啥嘸？」她沒反應。我更加火大說：「就是妳啊！到底妳……」這時，旁側的人忙著為她解圍：「老師！她眼睛看不見，但她很喜歡聽你的課！」喔！瞬間我羞紅了臉，很難過，忙著說：「失禮！失禮！」

視障作家海倫凱勒說：「有視覺的人，看得很少！」那麼，有聽覺的人呢？她想要開一門必修課程叫做《怎樣使用你的眼睛》；另一個眼睛看不見的演化生物學家海拉特．韋梅耶（Geerat Vermeij），他用手研究生物及世界，有人讚嘆他：「我們的眼睛常只看到兩度空間，他用雙手卻建構三度空間，加上時間。」他憑手摸貝殼化石，寫出了《生物與天敵的競爭》，很有名的生態、演化論述。

這兩位視障偉人都寫了自傳。海倫凱勒寫了《假如給我三天光明》；海拉特．韋梅耶寫了《恩典之手》，讓人看了足以打開心靈的天眼，也讓明眼人汗顏。

我剛來台中望春風廣播電台快樂聯播網沒幾遍時，有一回，隔壁的錄音室乒乓叫，是台長嚴玉霜在廣播，她拳打腳踢、聲嘶力竭，親像童乩起乩。由於這裡的隔音效果不大好，我受到干擾，那回我講甲不搭不七，只想找話繼續下去，我犯了錯。

我立即沉澱反省，是我錯了，嚴玉霜是恰如其分地做對了！為什麼？因為你不能感動自己，你如何感動聽眾？但是，你又不能只進入自己的想像世界，你必須以同理心對待整個虛空！因此，我不能說我看不見聽眾朋友（我也聽不見），我必須用心靈之眼，觀見聽眾朋友！我要真誠對待自己口中講出的誠懇與真實！哪怕只有

二、三個人收聽得到，我也必須當成我是講給我父母聽，我是講給愛人在分享！我必須入戲，喔——不，不是入戲，我只是單純地面對自己的靈、魂、魄，我是同內在的自己對話，我要用超過愛我自己的程度與方式，愛你們、愛大家！

我在廣播台上分不清你、我、他，我是跟所有聽眾朋友合在一起的「一個」人，我們是「一個人」的對話！這就是我在廣播台上跟朋友們的告白。

像上回，我講「巴攏公主與哈利瑪歐」的故事，自己就感受到很真實的情境。我絕不會認為我講得好或不好，我只想虔誠、真實！有時陣，我用一整夜才準備出可以講二、三分鐘的講稿，因此，我更加可以瞭解，一個好的節目，必須要非常的付出。無論如何，至少我可以確定一點，能夠讓我付出，就是我的福報。我是來搏感情的！

《台灣夢工程：風雲台灣、談古說今》已於二〇一五年一月十三日正式開播，這部《綠島金夢》也撰寫並口述完成。這四十七天我過得很實在。沒有什麼得失，只有滿滿的感恩！是為序。

於大肚台地
二〇一五年二月二十一日深夜

目錄 contents

三塊石飛巖
人權紀念公園
將軍洞
鱸鰻溝
樓門岩
鼻頭角
中寮灣
公館鼻
綠島監獄
綠島燈塔
燕子洞
牛頭山
慈航宮
東合宮
綠島機場
綠島遊客
服務中心
觀音洞
珊納賽遊艇旅遊
服務中心
綠島鄉
楠仔湖
島卵岩
柚子湖
海參坪景觀區
南寮漁港
海底公園
石人潛水區
哈巴狗岩
睡美人岩
孔子岩
小長城
太平洋
龜灣鼻
龍蝦洞
火雞岩
馬蹄橋
龜灣
朝日溫泉
海底溫泉景觀區
大白沙
露營區
綠島紫坪
帆船鼻
白沙灣

▲▲▲▲▲▲▲▲▲▲▲▲ 故事發生地：鱸鰻溝以東地域。

第一章

舞台

APP QR code
手機掃瞄上 Youtube
可聽聽故事內容。

2-4集節錄

事情是由一九四六年生的居福伯仔開始的。

叫他居福伯仔太牽強，他不過大我七歲，但關於綠島，他的一生相當於一部近代及現代史，包括神奇與離奇，而他的經驗太豐富，以致於我必須擱下。二〇一四年十一月七日夜間整整三個小時的訪談，他平實地述說所有我的提問，不浪費分秒。他是個很棒的受訪者。

然而綠島最神秘的開發史，他還是丟給我二百餘年來的謎，何況「謎」本來就是高利貸，孳息的速率驚人，偏偏綠島史頭尾都是斷頭謎，而且兩大謎團同時在我身上銜接，如同咬著自己尾巴的蛇在繞圈圈，我只能說這條蛇必須鬆口，才可能解開綠島失落的環節，它是鄭成功開台、陳永華畢生透過宗教隱藏下來的，留給台灣文化最最神秘的禪門心法，同樣無奈的是，這部分更龐大，我還是得再度擱下。

想必沒幾個人有興趣我所在乎的綠島史謎，但事涉重達一，八二〇公斤的，市價大約二〇億元，黃澄澄的金塊就擺在某個山洞裡，等待幸運者的發掘，世間人打從心裡不在乎的，恐怕不多。

於是隔天我訪問尋寶挖金的合夥人之一，綠島統祥飯店老闆夫婦，因為居福伯仔直接丟給我的謎結的在地人就是他們。十一月八日，我開口向合夥人的林秀玉女士探詢時，她沒頭沒腦地丟給我一句：「我原本不參與的，我不太相信的，後來我投入了，我

蔡居福先生於二〇一四年十一月七日接受筆者口訪。

統祥飯店林秀玉、何富祥伉儷接受筆者訪談留影。
（2014.11.9；綠島）

左起成年人謝印銓、李秋香、謝怡娟及劉志良。（2014.11.16；水里）

眞的看到了那麼多的人……」

她的臉色誠惶誠恐，巴不得掏心掏肺發毒誓表達她的誠實。我丈二金剛不明所以，循著她的意在言外，我追問：「妳是指靈異故事？」

「不，不是靈異，就是實際，一百多個人！我眞的看到了，不是靈異，就是事實！你明晚來，我通通告訴你。」

十一月九、十日，我訪談了何富祥、林秀玉伉儷，拍攝了證物。回台灣本島後，十一月十六日我前往水里，拜訪挖金主事者的謝印銓、李秋香夫妻，以及他們的子女、女婿，連帶地，又扯出堪輿師、受刑人楊尚賢先生、師姐等一串人物。

其中，最有意思的是如今喪失自由

的阿賢仔，他是第一位眞正發現「眞金」的人，他也賣掉第一批得款約五萬元的飾金。如今，我只能以書信往還，採訪在獄中的他。

請容我欠缺想像力地，大致上依時間順序，交代綠島挖金夢。喔，不，不是夢，也是夢，樁樁件件都是鐵般的「事實」與「夢」！

起頭式——背景天地

話說一九七〇年代前葉吧，原鄉埔里的計程車司機A，不時在台中火車站前招攬客人。當年，計程車行業是新興豪華的服務業，不久前，一九六八年六月二十五日，台北市才正式公告禁止人力三輪客車招搖街市哩！A的收入不錯，也有個美滿家庭。奈何我們的人間叫做「娑婆世界」，意即「堪忍」，充滿想像得到、想像不到的苦難。有天，A因不服取締，失手打死了警察，瞬間從良民淪爲流氓，被送到火燒島（綠島）管訓。

起頭式台中火車站。（背景；2014.9.1）

綠島曾經有段漫長的歲月，如同史蒂芬麥坤主演的老電影《惡魔島》，孤懸在太平

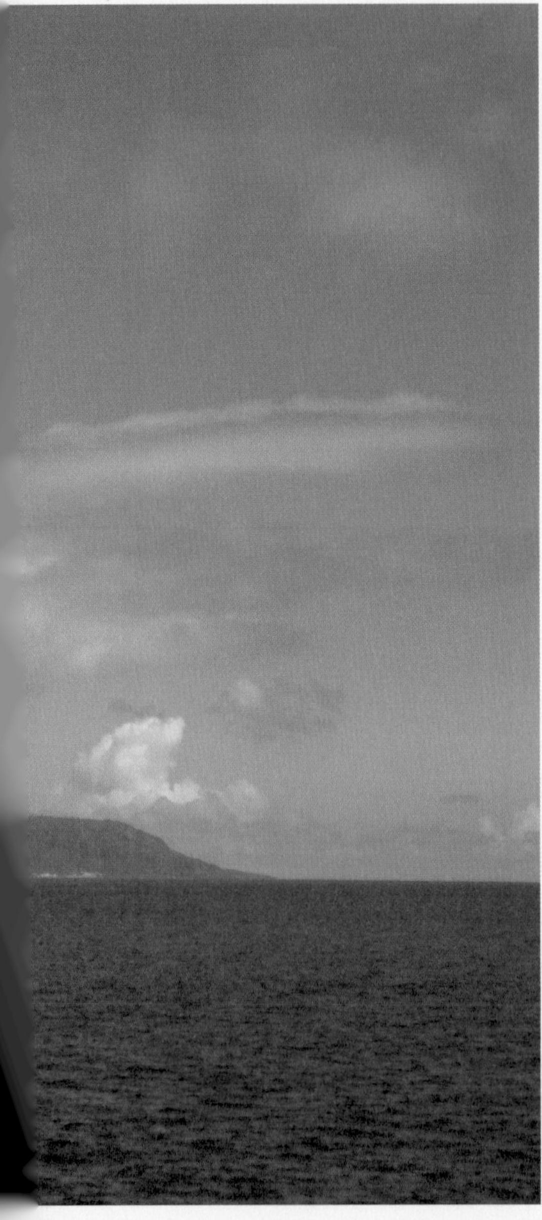

綠島、火燒島、惡魔島？
（2014.9.1）

牛頭山的牛鼻即海崖；牛的「左臉」其實是崩崖；「左牛耳」下方偏右即燕子洞。（2014.9.2）

洋，直線距離台東超過三十一公里。太平洋夠大、夠深，任憑你插翅難飛。囚犯們的天牢是大海與軍管，更難堪的是，囚犯們還得自行開採石材，建構囚禁自己的牢房。

故事發生地座落在綠島東北角，舊地名叫做「鱸鰻溝尾湖」，約在「烏石腳」到「燕仔硿」之間，也是在鱸鰻溝古聚落以東地域。

鱸鰻溝古聚落是蔡居福先人落墾綠島的祖居基地，直到國府白色恐怖跨海東來，徵地囚禁異議分子或其所謂的匪諜、思想犯、叛亂犯，乃至將惡性重大的頑劣分子送來管訓等，蔡氏家族由是而多次流離。

「我的祖先住在鱸鰻溝十二號，我這

代人被迫遷居了三、四次，土地給人佔了，現在的店面是承租的……」談起故居地，居福伯仔滿肚子火，但他的口氣徐徐閒閒，許是黑潮、東北季風洗滌下的平靜。

的確，他的父執輩原居鱸鰻溝東側，約在四維峯下西邊，是個單姓（蔡）村。一九五一年「新生訓導處」（政治犯、思想犯被叫做新生，是個歷史諷刺名詞，但當時是「正氣凜然」的遮羞布）徵收了蔡家村，蔡家移往下方的鱸鰻溝東岸。一九六七年，新聚落又被警總「職訓總隊」徵收，設立了「自強營區」，對外則美其名爲「自強山莊」。不管叫什麼名，橫直都是監獄。綠島人叫它爲「管訓隊」。A司機似乎就是被關在這裡。

惡魔島

一九九一年，自強營區改隸法務部，改名、成立了「台灣綠島技能訓練所」，二〇〇二年裁撤後，二〇〇四年行政院核定自公館漁港到燕仔硓地區爲「人權紀念園區」；二〇〇六年由文建會接管，再更名爲「綠島人權文化園區」，二〇一一年十二月則成立「國

慈航宮及右側背景的管訓隊高牆。（2014.11.10）

家人權博物館籌備處」，等等，系列狗屁嘮叨的變形換名，反映的正是台灣專制強權過渡、再蛻變的鑿痕。

無論如何，管訓隊的高牆如今還聳立在那裡。高牆東北角的外圍近海處，佇立著小間平房的「慈航宮」，供奉著觀音、釋迦與地藏，神像底座銘刻著一九八五年的晚近，是綠島指揮部第三職訓總隊所興建。公路在此結束，改以碎石小徑東行，一小段路後，右側即見數十位政治犯或官兵的埋骨處「第十三中隊」；左側即海邊三、四個小丘山頭的「烏石腳」。再前行，穿越一、二百公尺的海灘後上躋，即「燕仔硿」。

這區域佈滿二〇世紀中、後葉，政治的腥風血雨。一九四九年起，台灣實施全球現代史上最漫長的「戒嚴時期」三十八年；一九五一年五月十七日，將近千名的「政治犯」，由基隆港出海，「犯人」們多以爲即將被塡海滅屍。他們在汙穢惡劣的船艙內度過二天一夜，抵達綠島中寮海邊接駁登陸，開始了長達十五年的勞改、下放、集中營洗腦生涯。此後，另有多批「政治犯」，分別自基隆、花蓮、高雄等地，發配前來綠島改造。一九七二～一九八七年間，加設了「國防部感訓監獄」（綠洲山莊），監禁了約四〇〇人。這些「政治受難者」多高級知識分子，他們在此惡魔島歷盡慘絕人寰的凌遲，許多人病死、被害死、自殺，但他們種下了自由民主的種子，以他們的犧牲，成就日後台灣公義的花果，他們也意外改造了綠島整體文化的水平。

「綠洲山莊」即囚禁第二次政治犯的軍管監獄。（2014.6.23）

高牆分隔陰陽兩世界，牆內即台灣歷史的籠牢。
（2014.6.23）

「台灣省保安司令部新生訓導處公墓」即第十三中隊。(2014.11.10)

燕子洞外觀。(2014.9.2)

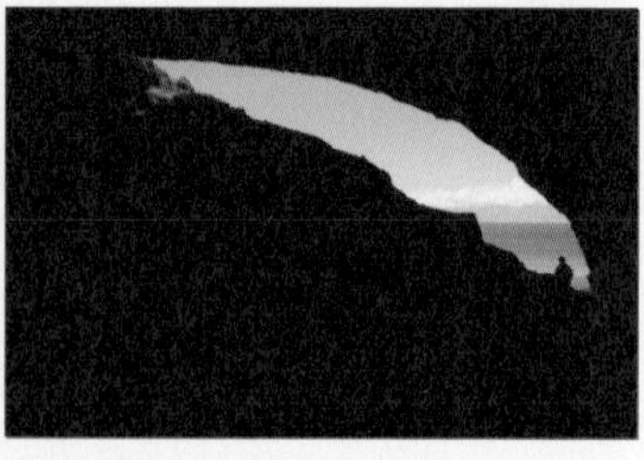

燕子洞內向外看。(2014.9.2)

由第十三中隊附近看向牛頭山，左側黑色火山岩即「烏石腳」。（2014.6.23）

政治受難者截然不同於一九六七年以降，另一大票「惡性重大的流氓、重犯」，例如A司機。

政治受難者一到綠島的那年，就有人熬不過死神的召喚？

我在二〇一四年三度四次徘徊在「台灣省保安司令部新生訓導處公墓」，也就是所謂的「第十三中隊」。前三次我並不知道，公墓對面的臨海小山頭「烏石腳」，正是尋寶挖金挖得轟轟烈烈的陣地，更不瞭解此地區的冤魂連綿接力二百餘年！

第十三中隊

二〇一四年十一月九日，斜雨風寒中，我檢視了幾塊墓碑，例如「江西省宜豐人，李念宗之墓，民國四〇年十月」、「苗栗頭屋人，黃祥和之墓，民國四十八年六月十三日」、四十五年五月的湖北人陳金波、六〇年七月的山東莒縣人張富忠，等等。

在此長眠者並非只有政治受難者，還有管理、凌辱「人犯」的官兵、首長，特別鉅大、顯著的兩座墓碑就是「周故處長文彬紀念碑」，落款人是黃杰，以及「孫故副處長連崑紀念碑」。一九五四年，官派記者馬國樑到綠島，爲國府宣傳「人道與德政」之際，接待的長官正是周文彬，當時他是「新生訓導處」的「政治部主任」。

這裡的墓碑碑文的撰寫模式，截然異於全國各地。我不知道黃泉下，「長官與人犯」如何相處；我不懂幽冥界有無正義或平反；我也不解每刻當下的時空，如何連結成歷史無解的鎖鍊。我分不清冬雨或清淚。幾十年了，每逢天災地變的第二天，我總在劫難現場做調查。我見過九二一東勢保安祠曝光的數萬具骨骸；我祭拜過朋友陳錫銘的空棺（他消失於土石流中，一年後頭骨在基隆外海被尋獲，靠藉DNA鑑定而還歸故鄉）；我也訪查過系列的「落難」神明（像）。多年前，心淳法師常寄佛經給我閱讀，有次她寄了一本《中峯三時繫念》來，我看了內容後去電：「您有沒搞錯，這是幫人家超度、唸誦用的啊！」她回答：「你用得著！」

好像也沒錯，度鬼、度神、度人、度天龍八部，當然也自度。然而，我在綠島卻總覺得分外沉重。它不只是死結，更多的是活人結。

閱讀第十三中隊現地解說牌，以及圖書資料，大

第十三中隊下方矗立兩根紀念碑，即統治者的處長、副處長。（2014.6.23）

苗栗頭屋人黃祥和之墓碑。（2014.11.10）

由牛頭山海崖頂向西下瞰，海邊那一小
堆黑色火山岩即挖金熱門地「烏石腳」。
（2014.9.2）

致交代該地埋葬的是往生的官兵、未有家屬領回遺體的「新生」。由於「新生們」互稱同學，「往生的同學並未離去，只是調到十二個中隊以外的另個中隊」，故稱該墓地爲「第十三中隊」，「以表懷念及不離不棄的情感」！

很是淒美，但總隔著時空的美化，而我的訪談卻很殘酷。

第十三中隊座落在牛頭山數十公尺高的古海蝕平臺下方。它是近乎垂直海崖下的崩堆土石坡，大抵坐南朝北，每年冬季朔風淒厲，幸虧北方存有烏石腳幾個小山頭鎮住，但風隙作用還是猛烈。政治犯來到綠島之前，它本來就是蔡居福先人的墳墓地，蔡家村被迫遷居時，祖墳一併喬遷，新魂旋即入住。

「較早，走過第十三中隊附近臭死死，屍體的掩埋很潦草……」居福伯仔如是說。

「早年，綠島對外交通極爲不便，八、九級風的時候，交通船不開。那時，這裡有三、四千人，二、三天沒補給就沒東西吃，他們就找我一早六點去台東運菜過來，我的漁船來回航程要四小時，一週二次，還得繳營業稅，他們只在天氣不好的時候才找我載，我做了差不多二年，划不來。我也載過幾次往生的犯人，那時，綠島沒冰庫，天氣又熱，我把死者載到台東，交給來接應的家屬，賺的是辛苦錢，現在再多的錢叫我載也不幹。一具屍體現在的行情是六萬，交通船不願載，貨輪也拒絕，只能僱請漁船代勞……」

「還有，暫時置放屍體的碉堡……」居福伯仔似乎道出了書面資料未曾交代的細節。

水牢或碉堡

慈航宮斜側，現今殘存唯一一座白恐時代，「新生訓導處」官兵設置來監控政治受難者的碉堡，旁立解說牌：「另類的監視與囚禁——新生訓導處

慈航宮側殘存的碉堡及其解說牌。（2014.11.10）

解說牌上的，將軍岩旁的水牢碉堡。（2014.11.10）

碉堡或水牢，或臨時停屍間的解說牌。（2014.11.10）

碉堡」，主文敘述：「……有些碉堡也被當成禁閉室使用。只要被獄方認爲不服管教，就可能被抓進這陰暗窄小的碉堡中，有些碉堡在漲潮時甚至會被海水灌入；其他受難者關心被禁閉的難友，靠近碉堡偷偷把食物丟進去時，往往聽到難友的哀嚎聲……」該牌中下方所附的小照片，則是位於「將軍岩」旁的碉堡，說明文說它：「漲潮時甚至會被海水灌入，讓受難者痛苦難耐，而有『水牢』之稱。」二〇〇八年五月，「綠島人權文化園區」出版的摺頁，一樣依循此基調。

而居福伯仔告訴我的，悲慘的細節就不談了，因爲我知道，要

綠島人權文化園區外，矗立的其中一塊火山頸岩被稱為「將軍岩」。然而，二〇一四年六月二十二日筆者首度到綠島，第一眼瞧見此塊岩石，當下叫出「觀音岩」！心中有將軍是謂將軍岩；心中有觀音或媽祖是謂觀音岩或媽祖岩。

不了多久，二〇一五年初還存在的，扁政府時代的解說牌、摺頁或說法，終將消失。我來，我見，將只是一頁撕過一頁的老式日曆，但我的筆只向當下負責。我從訪談的若干綠島人士得知，他們不喜歡從李登輝到扁政府時代的「悲情」，也否定解說牌上的「言過其實」，陳定南要廢綠島的監獄時，綠島人還「上京抗議」，因爲監獄文化早已是綠島史很重要的一部分，「監獄經濟」更是綠島人生存繫賴的舊結構之一。白恐時代，「新生」是綠島的「恩人」，讓他們從自然、農漁業時代走向文明時期；管訓「大哥」的年代迄今，除了偶然的意外，經濟民生誘因，夥同獄政所需要的人力，加入綠島各公家機關的行列，形成在地人擔任公職的比例，高居全國各鄉鎮城市第一，這也是爲何綠島始終是KMT掛帥的主因之一。有趣的是，綠島華人史二百多年來，從漫長的無政府，歷經日治及國府兩大階段的統治，綠島人是否還保有祖先的社會或人文性格，值得探討。

在此，我只敘述居福伯仔的若干記憶，之有別於被統治下的文化，乃關於一九五一至一九六五年前後，政治犯或新生的故事。

我是在訪談綠島各景點時，居福伯不經意說出的：

「自殺啊！從燕仔碇前面那邊跳海自殺的，女生，快要生了，當場死亡，一屍兩命。還有一個女生，在今之中寮港附近，那時候還沒設港。談戀愛的……」

監獄島的時光隧道

有必要整理一下國府的綠島監獄簡史。

一九四五年　■日本投降，國府接台。

一九四七年　■發生二・二八事件。

一九四九年　■國民政府撤退來台。國軍在金門古寧頭戰爭中，抓了一批共匪俘虜，送到綠島；綠島成立「新生訓導總隊」，負責收訓這批匪俘。

一九五〇年起　■「國府以肅清匪諜為名，全島軍警特四出，大肆逮捕青年學子及倖免於二二八災禍的菁英。不論本省、外省，各階層的人，因『寧可錯殺一百，不可放過一人』的政策，罹殃無數，『白色恐怖』於焉開始。光是一九四九到一九五四年間，就發生數百件匪諜案，株連島內外。風聲鶴唳，人人驚恐，深怕半夜被帶走。」（出自交通部觀光局東海岸風管處摺頁〈綠島人權紀念園區〉，二〇〇四～二〇〇六年）

一九五〇年　■四月一日，綠島「新生訓導總隊」改制為「新生訓導處」，準備接管白色恐怖的政治犯。

一九五一年 ■ 五月十七日，第一批政治受難者近千人被送抵綠島，開啟「惡魔島」的故事。自此而後，政治犯陸續送到綠島，關進新生訓導處「新生之家」，也有人再被送回台灣再審或槍決者。

一九五二～一九五四年 ■ 成立近百人的女生分隊，受刑人包括著名的舞蹈家蔡瑞月。新生訓導處就是政治犯的勞改集中營，人數最多時近二千人。他們一天勞動、一天上政治課。他們被分成三大隊，下分十二個中隊，每中隊人數最多有一五〇人。每人就寢的寬度約六〇公分。他們被要求自辦康樂活動、演戲、運動會，與綠島人同樂。他們為綠島人的子女補習功課，他們帶給綠島人全方位的技術與知識，改造了綠島的文化與文明。

一九六五年前後 ■ 新生離開綠島，或移送台東東河泰源監獄。

一九六七年 ■ 警備總部將綠島新生訓導處改設為「第三職訓總隊」（包括後來一九八四年底的一清專案等），開始管訓流氓。它是由憲兵連鎮守的禁區，也展開綠島的「大哥」故事。職訓總隊還在同年擴大地盤，第二次徵收蔡居福家族在鱸鰻溝東側的新聚落，籌設「自強營區」等。這個警總的職訓總隊一直存在到一九八七年解嚴，夥同中寮的司法監獄，也就是讓司法重刑犯、黑道、流氓聞風喪膽的「綠島管訓」。

一九六八年
八月一日，分別成立綠島指揮部直屬第十一莊敬大隊、第十二自強大隊，各下轄四個中隊。另一方面，大體上與政治犯無關的中寮「綠島司法監獄」，自一九六九年六月開始籌備，一九七〇年三月開始鳩集各地受刑人之專業者自建監獄，一九七一年九月大致完工。一九七二年九月啟用，收容「頑劣受刑人」。綠島司法監獄迄今「健在」。

一九七〇年
二月八日，台東東河鄉泰源監獄（國防部泰源感訓監獄；一九六二～一九七二年；政治犯監獄）發生政治犯起義失敗事件。

一九七〇年
八月一日，長期受軍管的綠島，奉命改編為「綠島地區警備指揮部」；一九八〇年一月一日再奉國防部核定為「保安處分強制勞動場所」，直到解嚴後撤除軍管。

一九七二年春
泰源監獄以及台灣各地監獄的政治犯，再度被移送到綠島的國防部感訓監獄（綠洲山莊）。這次移監，國防部動員陸、海、空三軍聯合演習。

一九八七年
七月十五日，台灣解嚴；一九九二年五月廢除《懲治叛亂條例》惡法，修正刑法第一〇〇條為止，總算為「白色恐怖」送終。此前四〇餘年間，數千人因思想、政治「不正確」被槍殺，且牽連數萬人，政治案件罄竹難書。

筆者首度到綠島拍下的骷髏頭。
（2014.6.23）

綜上，綠島曾經存在兩個時期監禁政治犯，而司法監獄則從一九七〇年代迄今。

第一階段的政治犯即「新生」，約一九五一～一九六五年，執行單位是謂「台灣省保安司令部新生訓導處」。新生們徹底孤立無援，幸運的是，他們處於在綠島的半自由狀態。

第二階段的政治犯即關在「綠洲山莊」者，例如施明德、柏楊、陳映真、黃華、許曹德、楊碧川、林書揚，等等。他們無法接觸綠島人，對綠島環境也近乎一無所知，但他們躬逢台灣民主的胎動，以及受到國際人權運動的挹注。

我要談的綠島挖金故事與政治犯無關，但經常被瞎攪在一起。

燕仔硿（今人一般皆稱燕子洞）的故事發生在「新生」的時代。

燕子洞外燕單飛

一九五二～一九五四年，綠島的政治犯加進了女性受難者。受難者一日勞改、一日上政治課，他們也受命得進行團康活動，演出系列的樣板戲。演戲等得排演、繪製布景、製作道具，寬約三十七公尺、深四〇公尺、高二〇公尺的天然海蝕洞穴「燕仔硿」，成了最佳遮陽阻風蔽雨的場所。現今燕仔硿內側，截留了一甲子前的印記，一塊海砂土

燕子洞解說牌標示政治犯在舞台上排演。燕子洞內也是火化政治犯難友的地點。（2014.11.10）

夯實的平臺，依然攤開空無沉默的告白。

強權宰制、監控下，受苦受難的男女還是可以相濡以沫、互訴衷情，這在當時是天大的冒險，因爲受難者被逼相互監控、密報，人人都可以是東廠爪牙、抓耙子。幸或不幸相互包裹，明或暗雜糅絞纏，反正人性啊，女主角就珠胎暗結，隨著葉出葉落，肚子挺大了起來。

一個風雨交加的黃昏，女主角選擇情愫初萌的燕仔碎旁海岬，縱身一躍，了結自身與時代的不堪。

如此悲劇流傳開來的至少有兩例。一人死於東北角；一人自盡西北隅。兩則都有蛻變後的故事。雖然我不確定落款文字的作者是否瞭解實情，但在噤聲止息的時空，沒人了知何爲眞相，或說眞相有何意義！

一九六七年底刊行的《台灣銀行季刊》第十八卷第四期，有篇徐鳳翰寫的〈綠島概況〉，它是台灣在「上山下海拚外島」，厲行開發至上時代的研究報告或報導之一，主要描述綠島的漁、農、畜產及交通概況，且其在介紹七個景點風光中的第三個，提及燕仔硿的愛情故事，但他使用的地名卻是「栗子洞」，轉引大部分如下：（其明顯錯誤的客觀描述已修正）

……牛頭山雄踞於汪洋之前，而栗子洞則虛懸於山腰，好像是半個臉盆……岩隙中時有水珠下墜，滴答成聲，猶如大珠小珠落玉盤，輕盈悅耳。洞中不分寒暑，都有一種尖翅的海燕，穿梭飛翔，築巢安棲。而民間流傳著一段綺麗的故事，益增此洞羅曼蒂克的情調，傳說從前有對棄家私奔的情侶，隱匿洞中，日久糧絕又不敢冒然出洞。正當飢渴難耐時，忽有成群大黑甲蟲飛撲進洞，女郎喜出望外，隨手抓擒一隻，剝去甲殼，送往情郎嘴邊。豈料，一經唇觸，黑甲蟲蛻變成一顆肥香大栗，於是兩人便盡情飽餐了一頓。說也奇怪，當兩人栗香滿口後，脅腋下都長出一對翅膀，變成一對飛翔在海空中的天使，自由自在。後人便稱此洞叫「栗子洞」，以懷念這一雙杳無音訊的愛侶。至今綠島的男女，還深信這傳言，悄悄地來到此洞，祈求愛神賜福呢。

我所訪談過的綠島人沒人聽過這故事，也許栗子洞也非燕仔硿，講給故事是否由新生們編杜出來，講給當時爲其補習的小孩，再經突變、口傳也未可知。甲蟲幻變爲栗子，栗子又轉化爲翅膀，究竟可以象徵、寓意什麼意象，令人摸不著頭緒，而具體的訊息是：栗子洞、一對情人受困，以及自由自在的幻想。至於其他描述，大相逕庭於綠島現實。

燕子洞最內側，以海砂土夯實的昔日舞台。（2014.9.2）

至於居福伯仔說的，另一位女子在燈塔側，今之中寮港附近的殉情，或許是記者馬國樑，於一九五四年秋出版《綠島．蘭嶼》一書，三十七、三十八頁的〈美豔少婦塔邊殉情〉。他的敘述近似新聞報導：

「綠島燈塔……濱臨大海，風光綺麗。每當月白風清之夜，常有對對情侶徘徊塔邊，南國夜景，逗人欲醉，青年男女，為愛殉情的故事，時有發生。本年（一九五四）三月二十八日，即曾發生美豔少婦塔邊殉情的慘劇……」主角是二十五歲的中部已婚三年的女子李麗娟，她「身材苗條，面貌秀麗」，已生有子、女各一。「乃夫亦籍隸台灣，惟以思想不良，誤入迷途，身繫囹圄，於一年前送來綠島管訓，李與乃夫由於新婚不久，伉儷情深，曾兩度涉渡重洋探望夫君，本年三月係屬第二次……於晤及乃夫後竟躍海自殺……」據說是向他（她）先生「要求准許長居綠島」被拒，吵架後尋短云云。

人死是事實，情節如何是未可知。然而一九五四年的綠島燈塔，會時時有「對對情侶徘徊、爲愛殉情」嗎？

五〇年代綠島風情錄

如上故事描繪的一九五〇、六〇年代的綠島華人社會，是何模樣？

二〇〇三年三月二日《聯合報》報導曾經是「政治犯」的畫家歐陽文，一九五〇年代繫獄綠島，利用當時蔣經國（救國團主任）多次巡視綠島，他被派任拍攝的機會，偷偷逢機記錄當時的禁地綠島極為珍貴的影像，並於一九六二年，冒死偷帶回台灣。

由歐陽文前輩一九五一年拍攝的照片顯示，當時綠島華人婦女是徹底上空，不著任何衣物，也就是說，如同早年的蘭嶼達悟人，在酷熱天候下，自然人與環境調和後的畫面。

黃于玲（二〇〇一）撰寫的〈二二八受難者歐陽文的故事〉，夥同《台灣畫》雙月刊第十期的封面照片等（http://www.nan.com.tw/index2.htm），一九五一年六月，歐陽文等一批「囚犯」登上綠島所見，島上男女全然光著上半身，小孩則全身赤裸。

居福伯仔則說：「我十歲時也沒穿褲子啊！（一九五五年。沒褲子，更不用說衣服了）那時代，男女上半身都沒穿，大人們頂多繫上一條『腳巾仔』，日本人叫做『渾多係』，我們都沒衣布啊！那時觀音洞眞興，討海人若是平安、豐收回來，就會去剪塊紅布，去觀音洞拜拜、還願。有人需要布時，再去燒香，向觀音媽乞一塊回來，否則哪來錢去買布啊！用壞了再去要。較早，觀音洞還有許多八仙彩，都被要光了……」

「後來，我穿的是破帆布剪來做的衣褲，穿起來動不動就磨破皮，我寧可不穿。人們到山上挖薯藍的根，刨絲，水煮火熬，用來染褪色的破帆布，我們就穿這種的呀！過年過節也沒鞋穿；要木屐，到山裡砍飯篱樹（png le ciu，江某或鵝掌柴）來做，另剪輪胎皮做夾腳趾的部分，穿多久、脫多少層皮！」

觀音洞石觀音。（2014.6.22）

「一直到我十七歲（一九六二年）才算有衣穿。當時也沒電，到我結婚、生子，都是點番仔油燈，也點海豬仔油（海豚）。以前每年冬季海邊，往往都會擱淺十來隻海豬仔。我們村裡人就去宰殺，先來者先切割出頭尾，身段一人割一塊十多公斤的肉回家，肉炒來吃，皮脂炸油，油用來點燈。這種油腥得很，有人一聞會吐。海豬仔油也用來殺牛蝨，往牛身上塗抹，很快地牛蝨死光光；夜晚抓龍蝦、抓魚，也用這種油照明，用個瓶子盛裝，塞條布就可點燈。現在什麼燈都有了，卻沒魚可抓……」

這等生活場景，如何產生「月白風清、對對情侶徘徊燈塔邊，且青年男女不時在此爲愛殉情」?!

燈塔下、中寮港邊必有殉死的女人、男人。台灣的思想犯被發配綠島，太太千辛萬苦前來面會，自是人之常情，但悲慘的夫妻可不是綠島人。於是，我請居福伯仔談新生。

新生悲歌側寫

「我小時候在鱸鰻溝做田，他們透早吹喇叭起床、唱早點名歌，晚上也一樣，然後帶隊出來工作，放營，就不理他們了。像最後的新生們，由帶班的老芋仔頭帶出來，要過山頭時，那裡有站衛兵，拿出名冊給他們簽一簽，就放牛吃草不管他們了，老芋仔逕自回營。新生們到山上養雞、種番薯、種菜、砍柴……山上的樹都砍光了。中午隊伍沒回來，只派一位回來廚房抬飯菜到山上吃。傍晚再去衛兵處登記，再帶回營區……」

綠島人曾見「新生」的剪影如此，官方的報導如何？記者馬國樑於一九五四年四月，應國防部總政戰部之邀請（中外記者數十人）前往綠島參觀，撰寫了一篇〈綠島新生訓導處巡禮〉適可反映標準的官方說法，夥同其他資訊臚列如下：

一、一九五四年四月，新生計有一，四〇〇多位，包括女性三十四位，分屬三大隊、十二個中隊，分住於十二座木質鋁頂的克難營房。平均年齡三十一、三十二歲，介於六十二歲及十七歲之間。

二、軍事管理制度下，各隊新生自訂生活守則，自選正副班長、小組組長、伙食委員會，高度自治。

三、依新生類別編組分班上課。課目：國父遺教、領袖言行、共產主義批判、共匪暴行、蘇俄侵略中國史、中國革命史、中華民國憲法、地方自治、土地改革、勞工政策、國際現勢、中國地理、中國歷史、生產技術講話等十九種，另對特低程度新生，補習國語、英文、數學、識字課程（相當於國小教育？）。授課後，分組討論；每三個月調閱筆記一次，並定期考試。

四、訓導方面以思想訓練、生活輔導、文化活動及康樂福利四項並重。

五、考核分專業與專責兩部分，運用正、反、合的原則，採側面、正面、秘密等方法，然後綜合各種資料個別鑑定等級，做為隨時報請上級機關處理的準繩。

管理、教育、訓導、考核，直接決定個別新生結訓時間的遲速。

作者馬氏強調，這篇報導要解除綠島的「神秘外衣」，「證明自由中國政府對思想誤入歧途者的感化方式，係符合人道、尊重人權」，他的內容「力求客觀、報導亦極忠實」！

據上可知，其乃蔣氏極權操控下，反共抗俄爲政策主軸的「思想犯」集中營，且配合當時在台灣的施政項目作調整。由字面上看來，最恐怖的，即在於「秘密」考核，以及所謂的正、反、合原則，也就是台灣人無法想像的國共慣技，利用人性弱點的，一大套集畜牲道及惡魔道的鬥爭大法。台灣人當時只道是密警、特務、抓耙子等，而如被蔣介石下令緝拿，逃美的前台灣省府主席吳國楨寫的專書，介紹共產黨秘密組織的操作方式，且經國府情治、特務加以「改良」的，極致齷齪下流的整人、刑人、姦人、殺人、戮鬼、滅神的「極品」。

如果你到今之人權園區觀看錄影帶，當年「新生」吐露出來的故事，說有新生密告同伴，最後害人害自己而被槍斃的悲劇，殆即一範例。筆者不擬在此贅述。

當時「天眞」的綠島人看不見這一大片的「形而上」，但他們看得見萬象的「事實」。居福伯仔零散的敘述轉錄於此。人眼的拍照常常掛一漏萬，或殘破，或扭曲變形，但至少是時空記憶的小小碎片。

「新生跑掉都是自殺收場，因爲一旦逃脫被抓回來還是死啊！所以乾脆在外邊死一死，新生大多跳海、跳崖、跳山自殺，從牛頭山上面跳下來，要不然就上吊。相對的，管訓的、一清專案的，一逃跑不會自殺。他們脫逃後無處可去，只會跑到綠島人家的廚房偷東西吃。然後一群兵包抄圍抓。抓到了，就像捆豬般，吊在樹上二、三天不給吃喝，半死了再放下來……」

新生悲歌。（2014.6.23）

「思想犯不會打架；一清的常互毆。禁閉室、獨居房隨時伺候……」

「我家就在碉堡不遠處。囚犯死了，屍體就丟在碉堡內，那時沒冰塊。後來碉堡變成用來關閉犯人。之後，他們在山洞裡建了一個『斯拉墓』（簡易建築），用來放置死掉的人犯，去台東運來大冰塊，屍體放個二、三天，等檢察官前來檢查後，就抬去後山，十三中隊……」

「以前經過十三中隊附近都臭死了，哪來棺材啊！也沒用什麼美力板，就隨便的板子釘一釘，要不然就用草蓆捆一捆，掩埋時也很淺，所以臭得要命。那裡大概埋了三、四〇個吧？後來有的家屬來挖骨頭包回去……」

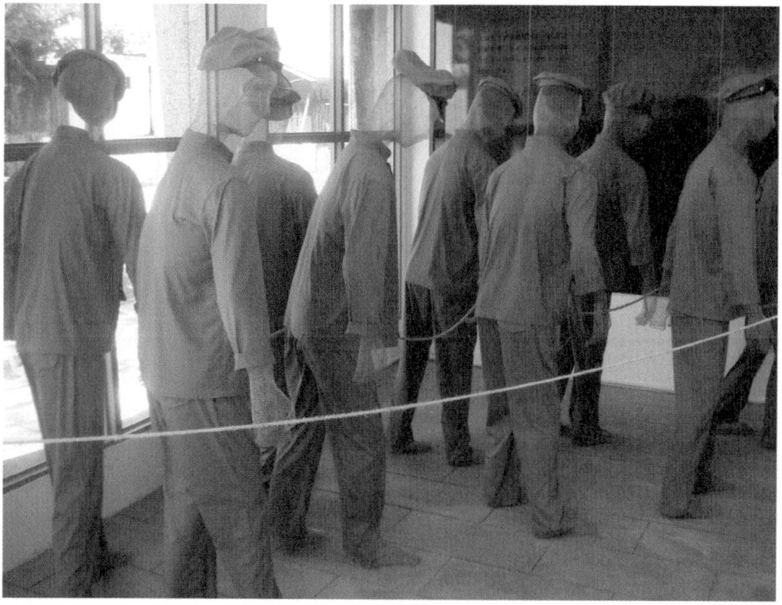

新生行伍。（2014.6.22）

「以前新生都在燕仔碇做戲。裡面有布景，堆石頭，很漂亮、舒適。要演戲時，男男女女帶去那邊排戲。就有男女在那邊談戀愛、生孩子。所以後來女思想犯就被趕回台灣。以前這裡有三、四〇個女生，分二隊，也都在種菜……那時陣都綁頭髮，頭髮都很長。管她們的大隊長是女的。後來沒女生好管，就變成去幫人生孩子，當產婆，綠島婦女要生產都去找她……」

居福伯仔也談了一些新生如何教導綠島人做饅頭、演歌仔戲、跌打損傷接骨、爲孩子補習、舞龍舞獅……，他搞不清楚如此多才多藝的善良人究竟犯了什麼「罪」。

在那噤聲的年代，兩則文本上的綠島情殤，是諷刺、無奈，還是留予後人的見證？而管訓流氓以降的年代，囚犯們不僅

監獄門口供遊客拍照的木板。（2014.6.22）

新生被迫演戲。（2014.6.23）

開山造石，營建自己的牢房，綠島人蓋房子，他們也是主要的勞工。

獨戶居住在東海岸中段海參坪的施家，一九八〇年搬離祖居地而遷往台東。我訪談（二〇一四．九．五）施勝文原因，他答：

「難以生活，而且不時有甲級流氓逃跑，我們一戶人家獨居在此很恐怖。六〇、七〇年代，好多次。曾有打昏衛兵、搶走槍支，攜械逃亡者，流竄山區。政治犯對我們很好，教我父親辨識、利用草藥……有流氓逃走後，在山上芭樂園上吊自殺……」

相較於現今綠島業者，大肆利用「大哥」名號營造商機；綠島監獄門口，立著腳鐐手銬、身著犯人衣的木板，留個頭部讓遊客露臉拍照「留念」，這段監獄史走得讓吾輩五味雜陳、荒謬絕倫，如果眞有業報輪迴，設計者不是變態就是虐待狂！

其實監獄代表禁錮，綠島卻是由地殼禁錮的岩漿爆發而形成；日本人到臨之前，原本似乎是華人無政府主義的香格里拉的綠島，一九一一年開始監禁了來自台灣各地的「浮浪者」，但一九一九年旋因一個大颱風，掃光了日本人的禁錮；而國府踵繼，一九五一年至一九八七年，白色恐怖更將綠島推向惡魔島，如今雖然早已解禁，但司法監獄依然矗立不搖。然而，所有的監獄之外，綠島史另有更龐大的靈魂禁錮，由台灣素民於二〇〇八年拉開解脫的序幕，也開啓了綠島金夢九彎十八拐的故事。

第二章 千真萬確 傾家蕩產

4-4 集節錄

世界上確實見過，而且親自搬運過綠島每塊重達三十五公斤金磚的人有兩位，一位現今仍然在世，他是江湖大哥出身的福伯仔。

「福伯仔，台灣人，出獄後落籍綠島，今微中風，我是在很詭異的某一天遇見他的。他個性孤僻，不喜與人談到此事。據何董說，如果有人跟他提及這事，他掉頭就走……我們都知道，是『公婆』在影響著他，我從他閃爍的眼神中，看出他既興奮又落寞，那種悵然若失卻又力道萬鈞的反差，沒人說得清他究竟承受了何等舖天蓋地的禁錮。福伯仔就是那位傳媒報導上，在洞內昏死，由直升機急救台東的人。他的江湖味還很重！……」阿賢仔如是說。

（二〇一五・一・二）

天賜良機

就像他操控數十年的挖土機一樣，謝印銓長得篤實厚重，而且，天生註定他得是個往地底猛挖的人，他，比地鼠還勤奮。耳濡目染，兒子謝展耀也成了另一位挖土機名師。父子一在水里、一住埔里，兩代一直想挖出什麼究竟，倒也說不上來，只道是生活就是不斷地挖掘。

可是二〇〇八年就很邪門，工作與吃飯都是有一餐、沒一餐，因而當女婿劉志良捎回來一個天大的秘密之後，印銓仔連作夢的眼珠都發亮。

志良告訴他這個訊息時很神秘，不斷地強調：「越少人知道越好！」印銓仔和他的媳婦秋香並不是守得住口風的人，但這件事必須審慎，害得他倆隨時隨地緊張兮兮。

事情是這樣：

柚子湖彎弓洞。（2014.9.3）

女婿劉志良有個結拜義弟，綽號叫「阿球」，取義於身材圓滾肥胖。阿球的父親叫福順仔。福順是埔里人，福順在原鄉有個朋友叫阿義仔，阿義仔是老實做田人，兼洗車廠員工。而阿義仔的死忠兼換帖的朋友，正是前述在台中火車站前打死警察，被發配綠島管訓的計程車司機A。

A臨終前將他在綠島服刑時，意外發現海蝕洞中藏著五十二塊金磚的原委，以及A如何開挖未果，乃至藏金的明確地點等，一五一十地告訴阿義仔。阿義仔再告訴福順仔。阿義仔本身也參與過第一次的打撈黃金。

反正我在訪談時，總得弄清楚每個環節，但故事一貫是由一堆黏糊糊的橡皮圈，相互打結，聯成一串串、一圈圈，人們在東邊打個結，在西邊繞個彎，沒耐心的訪談人只會加上幾個死結，或不耐煩地切斷若干關鍵。此中，有趣的是，故事人物的姓名或綽號，往往與其人的特徵完全符合或大相逕庭。

例如福順仔有個福泰的名，但我聽來聽去總覺得他的福報不大，人生也不順利，但他的確是個很有企圖心的人。而阿義仔人如其名，守個義字，忠實地傳達他所得知，也不斷叮嚀想要挖金的人，一旦挖到寶藏，務必記得分一份給A的子女，吃菓子至少也得懂得拜樹頭，A妻離子散，傾家蕩產，孤注一擲，卻只落個遺憾而終，他人一旦從他的遺言獲致暴利，合該照顧他的後代。

牛頭山西海崖下方，臨海這堆黑色火山岩名為烏石腳，正是藏著一八二〇公斤金磚的應現地。（2014.9.2）

寶藏明確地點摸清之前，每個投注人都會同意阿義仔的呼籲。

福順仔很費心地沙盤推演各環節，包括金磚挖出後，如何僱請保鑣護送回台，因而透過兒子阿球，找上黑白兩道交遊廣闊的劉志良，拜託他預先找尋護送人，但絕不可透露運送什麼東西。然而，福順仔最大的困境是阮囊羞澀，因而劉志良獻策，找岳父謝印銓合夥。他強調岳父母都是老實人。

二〇〇八年夏季，福順仔屢屢同印銓、秋香夫婦洽談。

「那時我們也沒什麼錢，但時機不好，阮阿銓、阮後生也沒生意，人家又講得千眞萬切，說他朋友眞的抬過該批金磚……所以我們賣掉了挖土機，得款七、八〇萬做老本，兒子、女婿也陸續投入，錢耗盡了，又用唯一剩下的休旅車，向地下錢莊借一筆……買工具、發電機、電鑽大小支、圓鍬、電燈、沙袋、僱工、來去綠島旅費……工具被沒收一次，綠島的電池、電燈又很貴，而隨時都得照明……」秋香比手畫腳扯了一堆，而我對如此破釜沉舟、孤注一擲的動力很好奇，畢竟要賣掉數十年賴以爲生的挖土機，恐怕不是省吃儉用的勞工所能爲，背後一定存有特殊的動力。

因此我問：「你們是樸素實在的人，福順仔憑什麼說服你們，你們又如何下達決心放手一搏？」於是，印銓、秋香夫妻有一搭沒一搭地，斷續說出了綠島人盡皆知、半個台灣島人耳熟能詳的老梗故事，受刑人A的悲慘境遇，他們挖金過程的靈異傳奇，神鬼人的離奇誌異，他們如何準備拜拜祭品或系列雞皮狗蒜事，以及一句重點：「師姐說一定有金，還有六個很凶悍的日本軍魂看守著！」

事實上凡人心中都有一座金庫，典藏的可以是眞金，也可以是糞土，它最容易映照出世俗、現實的鏡像。也就是說，現實界的黃金與心性中的黃金，可以相互輝映、流轉互換或反思，更可以複雜交纏而難分難解，甚至瘋狂毀滅。佛教的故事說，佛陀有天走進一個洞穴再出來說：「裡面有一甕毒蛇！」旁人進去一看，是亮澄澄的黃金。綠島史上曾經流傳兩大版本的藏金故事，在適當時機再予引介，而眼前的印銓、秋香，他倆篤信的眞人目證版，才是我們的故事。

A司機的夢

能夠說服老實素民如飛蛾撲火、奮不顧身身家作豪賭的因素大抵有三：生計不順，反正再壞不過如此；黃金誘惑、指證歷歷、唾手可得的樣子；神力加持，冥冥定數。

然而，綠島挖金人之所以前仆後繼，緣於兩位見過、搬過沉甸甸金磚的當事人A及福伯仔兩位受刑人。

A及福伯仔的挖金事件後來鬧得沸沸揚揚、人盡皆知。其故事前後綿亙約三十六年，而於二〇〇七年元月劃下休止符，留下今之一塊「綠島職訓隊員罹難紀念碑」於烏石腳（第十三中隊對面）。

表象或外界傳說的故事如下（謝印銓口述）：

一九七〇年代初葉，意外殺死員警的A很快地被遞解到綠島管訓。受刑人奉命炸山挖石，構築銅牆鐵壁般的牢房，以便把自己關進去。至於這些囚犯有無電影情節的機關天才人物在其中，外人無從得知，但綠島被管訓的人員時有脫逃倒也是事實，惟此面向非關我們的故事，必須擱下。

A也是外役受刑人之一。他的隊伍在第十三中隊北方，臨海小山頭炸下鋼鐵般的火山岩，再切割為整齊的方塊，做為營房砌牆之用。有天，A在小山頭釘鑽岩隙，鐵鎚使力錘下的瞬間，鋼鑽應聲掉入腳下的黑洞。

以受刑人而言，當天領出的工具，一定得繳回，否則是天大的麻煩。這點，同為後期受刑人的阿賢，特別能感同身受。阿賢在二〇一五年一月二日寫給我的信中提到：

犯人弄丟一支工具是不得了的事，就像現在的我，如果向公家借一支縫衣針而弄丟了，就算把整座教室掀開了也得找出來。掉了一支針是重大違規，日後假釋也別冀望了，更何況早期綠島的管訓隊，外出營繕工作搞丟了一支大工具！後果不堪想像，恐怕也丟了半條命！所以他下去找工具必是實情……

在同伴的協助下，A垂著繩索摸黑下墜洞中，劃亮了火柴，點燃舊報紙搜尋。工具很快找到了，但旁側卻有整齊的一堆黑磚，仔細瞧瞧，磚上浮凸有洋文字，還有「35Kg」可辨識。當他想搬動才發現超重的，他心跳加速。用工具刮刮黑磚，露出澄黃金色的剎那，他幾乎窒息，整個人猛然跌坐在地。他燒光了所有帶下來的舊報紙，確定那是金磚無誤。他思緒大亂、口乾舌燥，而上面的夥伴已經等得不耐煩而幹譙連連。

A利用剩下的火柴，察看地形，也在石壁上做了簡單記號，再快速地以海砂將黑磚堆稍作掩埋。A出了洞口，神色變了樣，但借助天色昏暗，倒也無人察覺。

從此，大家覺得A像是中邪，又像發了半瘋。人們常常瞥見他在傻笑。也許他上半生所有的霉運業已洗淨，他入獄後太太訴請離婚的怒氣也都雲消霧散。然而，更大的夢魘隨之而起，炸山的工程會不會摧毀掉整個山頭、石洞？金磚是否外露而被人捷足先登？他常沉思，也觀察誰人值得信賴與協助，而他近乎無期的徒刑，要假釋也得漫長的十年以上啊！無論如何，那批金磚成了他唯一的希望，從此，他謹守獄方的規定、吞忍同伴的任何欺侮。他也發現阿福仔是他的寄望，因為阿福仔是老大，謹守著江湖道義，而且，最重要的是他與典獄長交情不錯。

阿福仔有廚藝，工作在廚房。典獄長要下酒菜時，都會使喚他。日深月久年經，阿福仔享有若干特權。於是，A慢慢親近阿福仔，終而將金磚事全盤告知。他們共謀，讓典獄長特准他倆一齊外出購物、辦宴席。他們利用這次機會，再度跑到烏石腳，繩索垂入洞中，將五十二塊金磚移往較隱蔽的壁角，並加以僞裝、隱藏，然後在石壁上留下記號，繪製簡圖。

接下來便是漫長的等待，從壯年走向老年。然而，無論哪一版的故事，無人提及A是否有移監（註：後來阿賢仔有提到），一、二十年的流程中究竟發生什麼事，這是我最無法忍受的留白，總之，所有的說法就像電影的字幕：「二十五年後……」直接跳接老A與福伯仔（外加阿義仔、什麼縣長、議長、議員之類的）之以挖掘職（管）訓隊員罹難者骨骸爲名義，向地方政府申請開挖，而以二〇〇七年元月設立的，一塊畫個心字形，外加一行字：「綠島職訓隊員罹難紀念碑」，做爲休止符而告落幕，還有，該碑北側，以怪手堆疊出的巨大石塊斜牆，暗示他們曾經在此移山塡海、大費周章一番。

我認爲A及福伯仔的挖金故事絕對是齣大戲，過程的精彩或曲折，恐非常人得以想像。究竟黃金挖出沒？當然是個超級大謎，但當事人A已過世，「未亡人」福伯仔絕口不提此事，挖掘參與者阿義仔卻鼓起餘勇，二〇〇八年冬再起事端，展開第二波尋金夢。

第一次挖金客合法申請挖掘「罹難職訓隊員」的標誌。(2014.11.10)

司機A等，第一次挖金所填築出的石牆。(2014.11.10)

石牛俯臥的左側，一直是綠島的禁地。
（2014.9.2；公館鼻）

最離奇的第一波金事，我認爲蘊藏著諸多奧秘，值得深入探索，然而我必須再度擱下，我實在難以忍受綠島那麼多的斷頭謎，偏偏事屬無奈，或許我的任務只限於半個環節。我眞的不是要吊讀者胃口，我自己絕對不滿足於A、福伯仔及阿義的情節如下：

出獄後的A魂牽夢繫在綠島，而綠島的福伯仔想必一樣牽腸掛肚在烏石腳。他倆之間是如何維持默契或約定？又是另個謎。

總之，A賣掉唯一的老茨，變賣所有殘存的家當，得款約二千萬元，而於二〇〇七年展開他一生最大的「志業」。他很秘密地進行，但事涉法規，他得找些護身符。他大費周章，結識了台東政要，讓白道成了暗股。然而就像光譜，人們肉眼所見的白光，事實上是結合所有的顏色而成，何況台灣從來就是黑白同道，互爲表裡。黑道介入了，也註定A的悲慘晚景。

A從台東僱請一批原住民爲工人，也調動了挖土機，還從台東運了一部轎車到綠島。不幸的是，打從一開始，事情就多乖舛，運送途中，他新買的轎車竟然掉落大海。這只是小攤，一旦起出金磚，一塊足以購買三、四〇部。眞正頭痛的是黑道，黃金出土後，他能分到多少，他心知肚明，更慘的是他可能被滅口。

A如何安排並伺機突破重圍是另一回事，無論如何絕不可講出眞正的埋金處。因此，A故意指向烏石腳三、四個小山頭最靠東側的一座。怪手動工了，僱工也每天忙得不可開交，A佯裝指指點點，且挖不了二、三天，便偕同黑道兄弟，回到台東花天酒地、虛與委蛇。日子一天天過去，挖開出來的石塊也堆積如山，申請法定挖掘罹難者的日期也漸漸到來，此間發生了多少衝突、矛盾，我不知情。

有天，合夥挖金的福伯仔可能因爲洞中缺氧，或一氧化碳中毒，或是遭遇奇異的事件，橫直他就昏死洞中，靠藉直升機急送台東醫院才撿回一命。

阿賢仔如此註記：

……我想他們從發現金磚，到出獄的漫長年間，一定是受盡煎熬。那時的人犯都要送回本島監獄，再經考核一段時日才得呈報假釋，而心中填滿了一堆黃金，可能讓他們急慌了，以致誤判了許多……

顯然地，阿賢仔並未將A「故意」隱瞞「正確地點」的因素考量在內，但謝印銓的「隱瞞說」其實也充滿漏洞，因爲後來二〇〇八年謝印銓、阿賢二度進入挖金的洞穴也是同一個；而A與福伯仔（加上黑道等等）當時的挖掘又是「合法、光明正大地挖」，又是重機械伺候，甚至最後還將挖下的土石再度砌成一座假山。每個理由都包括正反反差，當事者本身才是最大的謎。

不管怎麼說，金磚就是「沒挖到」。最後，黑道圍毆A。被打個半死的A回到了台灣，再三叮嚀阿義仔：「以後再去挖，千萬不要再找有色彩的人！」不久，他就進入永恆的另個夢境了。

然而，二〇一四年十一月九、十日，我在綠島訪談統祥飯店老闆何富祥（一九五八年次，綠島人）、林秀玉（一九五九年次，台東阿美族原住民）夫妻，林秀玉談出來的故事，情節、事件略有不同，最大的差異在於上述的挖金，係分成三階段進行的。

林秀玉版大抵如下：

一、A與他的犯人同伴福伯仔，藉由合法申請開挖，綠島鄉公所派員監工，但沒挖到。

二、後來，A與福伯仔又偷偷去挖，卻被台東黑道得知，過來軋上一腳。這次動用怪手等重機械，也沒挖到。

三、A與福伯仔三度進洞偷挖，福伯仔昏倒洞中，被送台灣急救。一樣功敗垂成。

四、A臨終前交代阿義仔，明明有金，「壯志未酬，同志繼續努力！」

背水一戰的動力來自靈界

當我傾聽印銓、秋香的敘述時，不禁滿腹狐疑。再明白不過的是，已知當今活人親眼看過金磚者，唯獨福伯仔。福伯仔爲什麼視談挖金爲禁忌？他在洞中的境遇令他噤聲，遠比白色恐怖、管訓更駭人聽聞、奪人魂魄?!而阿義仔既也參與其中，他卻再度鼓動福順仔、謝印銓，飛蛾撲火般重蹈陰森古洞，他眞的相信黃金存在，且從未被人挖出？

我質疑謝印銓爲何不找福伯仔出馬或合作，他答：「那時不認識；不敢讓他知道。」或許也有些許道理。而我鎖定他們「痛下決心」投入的動機及動力，除了財迷心竅之外，跟他們信仰的玄天上帝及其靈媒阿鳳有關。人們在面對不可思議的境界，總是可以激出超理性的行爲？

誠實說，秋香與印銓似乎不是良好的受訪者，因爲他們說出的話頗是意識流，逕自走自己的調。也許是因爲他們自從挖到「金」之後，一連串的靈異事件，讓他們流連忘返於其中。他們的時空順序頻常跳針，以致於我得自行撿拾片斷，再加以依序組合。而所有的受訪者中，只有阿賢仔最具理性與邏輯條理，而且兼具形而上及心理分析。關於A與福伯仔的「公案」，阿賢仔的見解是：

一、A掉工具，下洞找尋必是實情，之後發現黃金也不假，否則不可能孤擲一注，甚至連命都賠上也要開挖。

二、如果是靈界幻化、作弄，幻化出黃金夢，依其經驗，清醒後必然明白真假。（註：對世間事物的眞、假議題，尚在獄中的阿賢仔自稱如今已有新的、不同的見解）

三、A與福伯仔誤判，因為：⑴發現黃金到進行挖掘的過程，由於時程久遠而功利心太重，影響心智判斷力；⑵A與福伯仔被移監台灣本島觀察假釋的二、三年間，烏石腳藏金地形繼續受到炸山破壞，地形大大改變；⑶A與福伯仔在洞中曾大量焚燒金鉑紙錢，推測他們遭遇不可思議的怪事，但他們不明所以。

（二〇一五・一・二來信）

就理性、常識及常態的範圍內，阿賢仔當然相信藏金是眞，但近年來阿賢仔似乎已感悟到「萬法唯識」?!

不管怎麼說，福順仔、阿義仔說服印銓、秋香投入後，印銓、秋香還是半信、半疑，他們還需要信仰的加持，於是他們去找阿鳳。

「神明說一定有金啊！」秋香說。

我追問哪個神明。

「帝爺公，玄天上帝啊，祂透過阿鳳師姐指示的。那位師姐以前是我家隔壁的鄰居，她五十一年次，少我一歲。綠島這事，我們去找她，因爲我們想去問帝爺公是否眞的有藏金？否則，我們無事無誌，挖土機那麼多錢，又是我們長年的謀生工具，我們怎敢變賣投入！……」

「我們去問帝爺公有金還是沒，我們也拜請帝爺公保庇、保護我們的安全，畢竟我們對綠島一無所知，人生地不熟啊！我們找師姐一齊去綠島，到了富岡要搭船之前，師姐就開始講一些有的、沒的（狀似起乩），她說：『有六個人看守著，足否也！（很凶的樣子）是六個日本人！』到了綠島現地，她就一直說，她就一直說：『在那裡！在那裡！』我們後來挖到那裡就停止，其實我們如果再挖進去些就挖到了，她一直說那裡有『金』啦！她只說有六個，我們也不知道有那麼多……」

就整部人類史而言，各種文明內容改變最緩慢的是宗教及其儀式；就單獨個體而言，如出一轍，一旦信仰了特定對象，頻常是終生不變。儘管阿鳳仔的預測並不準確，但挖金前後，印銓及秋香一樣事事請教她。而阿鳳仔何許人也？

阿賢仔對阿鳳仔的註記是：

……那位師姐有點不平凡，但也有極其不幸的故事，現今只剩下一位智商永遠長不大的女兒，我講不完全……

阿鳳仔據描述，似乎是松柏嶺玄天上帝的乩童或靈媒之類的神職人員，她擔任秋香與神明之間的橋樑，前後幾次到過綠島，包括指點風水地理。

換句話說，眞正讓印銓、秋香付諸挖金行動的動力，最後關鍵在於神明指示可行！

牛頭山、烏石腳到公館鼻這片陸海連域，二百多年來即冤魂不散區。（2014.9.2）

招兵買馬　張羅就緒

有了玄天上帝的加持，印銓、秋香有恃無恐，於是開始添購工具、招兵買馬。當然，一開始的人員總是由家人往外推衍，但也必須同合夥人商議，橫直最後湊足了可以動工的人，包括兩位僱工，每人每天一，五〇〇元工資，其中一位是楊尚賢（阿賢仔）。然而，他們找工，並未告知是要挖寶，直到綠島現地施工後，阿賢仔才清楚怎麼一回事。

阿賢仔獄中來信提及，他三姊和印銓、秋香約好要北上參加印銓堂兄的告別式：

> ……那天清晨，我載三姊到集鹿橋頭（註：集集往鹿谷鄉，跨越濁水溪的大橋，橋頭與台十六公路垂直相交）等候會合。他們來了，秋香嫂搖下車窗劈頭就問我：「我們到台東工作好嗎？」那時，我和他們還熟不到那程度，尤其是他們的那個目的，更不會逢人就講！第一次過去綠島，沒人告訴我目的為何？先是五個人，到了綠島又多一位議員。
>
> 第二天，我是最慢下去山洞的人，因為入口處右邊的那一大片墓地「新生訓導處公墓」水泥柱旁的氛圍讓我極不舒服（當天回去統祥，我問何董，才知草木掩蓋下的，是

白色恐怖期間的受難英雄）。由於不確定、困惑，再加上從洞口到最下面，約三樓深的小水坑，偌大空間竟看不到任何一隻活物，連螞蟻、蜘蛛都沒有！我煙癮極大，可就不敢點火。那一天我聞到惡臭，不久又一陣非常香的，燃燒檀香木的氣味，其他人都說沒聞到！那天之後的事，請您輸入二〇〇八年十、十一月綠島淘金客新聞查看……

也就是說，阿賢仔直到進入黑洞，還被蒙在鼓裡，而藏寶地及四周的墓地氛圍，竟教煙癮極大的浪子也不敢造次，但接下來的感覺，卻交纏正、反兩極矛盾的識覺幻象。然而，我必須明白交代流程，而且茲事體大，不能直接「下洞」，我問印銓、秋香：

「一開始你們如何商議若挖到金磚如何分配？你們又如何說服綠島統祥老闆入夥？」

秋香答說：「我們到了台東，下午沒船班，先住旅館。隔天早上，我們到台東一個公園去找何

集鹿大橋頭。在此，秋香邀阿賢仔前往台東（綠島）。（139-63K；2015.3.8）

董。因爲當時是冬天，飯店沒生意，他們過來台東住，早上他跟林秀玉在公園運動。是高清風議員介紹我們去找他的。林秀玉、何董他們說，已經歷經那麼多人挖採過都找不到，他們半信、半疑。他們的條件是提供我們吃、住，但不出資。」

印銓說：「挖到金塊扣除所有成本之後，分成五份：福順仔、阿義仔、何董夫妻、高清風，以及我們各一份，高清風本來也要出資，後來他拒絕。我們第一次開挖被抓到警察局後，他就撤退了，後來變成分四份。楊尚賢是我們僱請的，說好找到金磚後，我們的份會分一塊給他。福順仔（或高清風）則僱請蔡慶山，各自對僱工負責……」

阿賢仔展開救贖的神聖空間——集鹿大橋。（139–64～63K；2015.3.8）

我質問：「這等電影戲劇情節，你們不擔心一旦金塊現身，風險瞬間暴增？」

「我們那時會吵吵鬧鬧是因爲福順仔常去騷擾阿義仔，頻頻問說現在到什麼進度？我們那時的電話好像被監聽。我們挖掘時最忌諱被他人得知，他卻一直講、一直問，我女婿（志良）故意不接他的電話……阿賢仔跟福順仔鬧不愉快……後來阿賢仔變得怪怪的，好像說……有啦，何董也說……跟福順仔衝突，在說分幾份時，阿賢仔說他也要一份，福順仔不肯，而我們說我們那一份會分一塊給他，這已經很好了，搞得大家吵來吵去……」秋香諸多保留，事實上，後來我與秋香多次電話的問答中，她透露了誰想殺誰的片語、殘句，而原訪談過程中，她也陳述了二次「幸虧怎樣，否則現今命也不見了！」的感嘆與感激。

平心而論，秋香他們的籌備並非縝密，如何分金的情節似乎也遺忘了原司機後代的那一份，他們對五十二塊金磚的計算也留下很大紛爭的伏筆。爲什麼是五十二塊金磚？更是充滿玄機。一副撲克牌五十二張取義於一年五十二週，而五十二塊分四人或四季可以整除，五份就吵架、三份也破局，難不成可折合現金來分配？如何銷售、分錢絕對是問題。而且，他們又如何信任彼此或彼此僱請來的人？秋香先前與綠島人又完全陌生。除了訴諸神明庇佑、加持之外，其實骨子裡是台灣草根傳統的互信機制，我訪談過的每一個人，都具備如此的特質或氣質，這方面除了道地的台灣人，是很難體會出來的美德。它一直是形塑人格最大的特質，即令時有謀財害命、強盜竊賊、構陷傾軋的暴力發生，但平均而言，台灣草根是善良得荒謬，台灣人在萬般相互設計拚賭的江湖上，依然盜亦有道。貫串其間的，是一條信仰的神經中樞，而未到千般恨不消的人性，從來也不斷編織一齣齣隨時翻新的大小戲劇。

至於爲何牽扯上台東已故原住民議員高清風，且由他連結統祥飯店老闆何董，顯然是先前A司機挖金時代的老班底，且由曾經參與的阿義仔牽連而來。而另一僱工蔡慶山與秋香這邊是間接認識者，其工資由福順仔支付。據說蔡慶山今五〇餘歲，深諳針灸，但無牌照，如今在夜市幫人以竹籤代針治病，在秋香及女婿劉志良心目中也是奇人一個。

總之，二〇〇八年十月三日，謝印銓、李秋香、楊尚賢、福順仔、阿義仔，以及玄天上帝使者阿鳳仔，押運著發電機等大包、小包工具登船，跨海東征綠島。他們一行到了綠島，高清風在綠島與他們會合，夥同統祥飯店何富祥、林秀玉商議大計。

第三章
神牽鬼引 黃金出土

6-2 集節錄

如前述，神使先行，且在富岡尚未搭上渡輪之前，阿鳳師姐即已起乩。她已經指明有六位日本軍官守護著那批金磚，且甚凶狠。然而，阿賢仔只一肚子疑惑，究竟要做什麼神秘的工作。而他之所以隔天一到烏石腳藏金小山，立即對右側第十三中隊起了過敏，乃至最後他進了山洞，也馬上感受到異乎尋常的詭異，彷同鬼域中的鬼域，嗅不著任何生機，以致極大煙癮也被制住。然後他聞到了旁人無一察覺的惡臭與靈香，但在現實界，他意外地被牽扯進入挖寶淘金的慾望火海卻一無所知，依我全觀，整部《綠島金夢》他才是主角，偏偏在現象界，他只能是個僱工，而且，他到綠島時分，身上背負法院兩道通緝令，也就是說，他本來就是亡命之徒，更且，他似乎生來就是腳踏陰陽兩界的人物。

極爲諷刺的是，整列違法挖寶行列的投資或合夥人，或表面的主事者秋香、印銓夫妻，是否摸清他的底細，是戲外之謎。如果明知阿賢仔的背景，且在精打細算之後，才決定僱請阿賢，則印銓與秋香的心機及勇氣或魄力，委實令我刮目相看，因爲無論從外表，乃至我與他們相處的感受，我絕不相信他們是善攻心計的人。我寧願相信他們是在綠島挖金過程中的朝夕相處，才得知阿賢仔不堪的過去。

孽海賢人

二〇一四年十一月十六日，我到水里口訪印銓、秋香、志良及怡娟兩代兩對夫妻之際，志良特別強調他們這次的尋寶，「真的都是沒有色彩的人。」也就是指沒有黑、白兩道的介入，純粹尋常百姓的尋金探險。則阿賢仔又屬於哪一道上的人物？

或許阿賢仔眞的是陰陽道上的一號人物。他身材高達一八〇公分，精壯帥氣，氣宇不凡。秋香一提起他，狀似打翻了一桌調味品：「唷喲喔！桃花遍地開，查某一堆喔！兒子也很英俊，在台中監獄服務，不敢認老爸……太太離異了……四兄弟，一車禍、一自殺，剩下他跟弟弟；五、六個姊妹……阿堂師說他家風水犯了沖……，煙毒、偷竊、半個搶劫、盜

集鹿大橋南端附近，二〇〇五年十二月二十五日公路局設有一塊「南無阿彌陀佛碑」，事實上阿賢仔的救贖起點即在此。（139–64K；2015.3.8）

林……」秋香、印銓不是數落，倒像親人歷數各種色調的不幸或被咀咒的無奈。然而，最核心的一項苦難卻無人知情，阿賢仔還不時與幽冥惡鬼道交鋒，他是三世兩重因果的實例。

他莫名其妙地被秋香他們帶到綠島，但眞正促成挖出金來的人絕對是他。因爲他，帶給一連串人的幸運與大福報，而他也獲致不愁吃穿的回報——漫長的鐵牢生涯。他寫給我的第四封信末段，透露了不爲人知的一面：

南無阿彌陀佛碑上書：「有始至今，天災、罹難、孤依、無靠元靈，兒等皆能受遮掩、覆蓋、依怙，萬年存念」，直接以西方佛超度歷來冤魂（靈）！阿賢仔完全不自知，他自此走上弘法度靈的法界。（2015.3.8）

……小時候我問過我母親關於無形的事，母親總是說遇上時恬恬就好。曾經我有過告訴過別人，而只被當成瘋子的不快經驗。是以我深知靈異的事，只能意會，無法像今天這樣侃侃而談！若問我怕不怕？當然怕！只是後來又沒怎樣，也就習慣了！因您的加入，讓我添加了許多的思考，同時，也挖出了許多早已淡忘的記憶。

似乎，我和我的家人，都有遭遇無形的經驗，只是緣深、緣淺的差別。我已故的父親最敦厚不過了，有次他從外頭一進家門，我正在客廳看電視，他問：「剛才明明看到你在後壁溝，怎麼一下子你卻在這裡？咦！你剛才是穿白衣，怎麼現在換黑衣？……」我家兄弟姊妹幾乎個個被整過，所以我家人二〇多年前搬遷到田中……我老家是油車坑火葬場正對面，山下的唯一一戶。

再談我母親，她的無形經驗更是數不清。她是地上漫爬的孤兒，雙親生下她後即往生，是我外公抱回寺裡養大的！我只依稀從村中耆老及母親口中得知，外公是個受人尊敬的得道高僧，俗名大概叫「陳義存」吧！因為事屬日治時代，我能得知的事太少。母親曾說，每當我外公外出去作法事，只剩她一個小孩坐守山寺。山寺即今之慈雲寺的前身，當年另有二〇多間禪房。山寺距離最接近的住家，得步行一個小時！山寺內奉祀著數不清亡靈的牌位，很可能嚇得她不愛跟我談往事的主因。我只記得母親說，怕也沒用！外公很嚴厲，母親不願談不好的記憶。我只能說我很無知，必也錯過了一些事！這陣子，經由與您通信後，我想，這趟回去之後，說什麼也非得弄清楚不可，否則就真是不肖子孫了！更何況我是繼承外公香火的人！如今，我外公被人迎請到台中一處宮寺護法。

我說得出的，如此而已，唉！……

而阿賢仔第一封信提及：

靈異的事我一生遇到不少。有的只擦身而過，有的我被整得很「賭爛」的，尤其在大白天才更令人抓狂，哭笑不得！反正是，當遇上無形時，都絕不會是讓人愉快的事，可在綠島就不是這樣了，而且是有形的，不只我一個人看到……

（二〇一四．十二．十二）

第二封信則劈頭就說：

種種超乎想像的體驗，一直都深烙在我腦海裡，但要如何形之於文字或語言，才是我最大的障礙，無形之事，只能意會不可言傳！靈異事，以精神醫學來解釋，通常只以一個「病」字來搪塞。他們講的其實也沒錯！通常，人遇上、看見了，幾乎都是在精神狀況最不佳的狀況之下才會發生。然而，從精神「正常」走到「錯亂」這過程，才是關鍵之所在！「無形」就是有辦法拉引著人，在他即令是最熟悉的環境中團團轉、繞圈圈，而走不出來！我曾經的往例，「遇上了」一開始的心神是疑惑、驚慌，然後隨著天色、氣溫的變化終致崩狂，在寒冬野地昏醒至破曉！在被折騰的當下，或許是迷惘難以自主，但事後不管多少年，仍是歷歷在目，因為是太特殊的遭遇，即便想忘亦不得其法！

過去的際遇，從接到您的來信後，又掀起了我的帷幕，但不同的是，我的想法已轉變，或可以說，「無形」並非只是一再單純的捉弄，它們一定有它們的目的，是我愚鈍，或是它們的道行不深，沒能直接讓我了悟其用意！過去的事，現在再想，似乎變得有趣了！……

（二〇一四．十二．二十七）

我不確定阿賢仔的吸毒之與靈異事件有無因果關連，他遊走社會及法律邊緣的複雜行徑，又與他家庭、境遇有何奧妙的牽引，但這部挖金大夢，的確是神牽鬼引，在底層打造結構，而且，我在探索、撰寫此間故事的來龍去脈，教我了悟阿賢仔根本就是佛門中人，只因俗緣不濟，教他遍嘗現世的輪迴業報，只待最後擊發即可濟道，偏偏在此娑婆世界，他在監獄中的時光佔盡生涯的大半，他自評是「惡人」、「人微言輕」云云。

好吧，這一行尋金客就展開行動了。

別有洞天的金塊絕對存在

二〇〇八年十月四日，無比興奮兼迷惘的一群人，騎著船碼頭旁借來的機車馳向征途。秋香、印銓不是最高亢的，但他們的心情也格外複雜，誰人曉得這海隅完全陌生的天地，將帶來人生何等的新境界？至少他們內心篤定，因爲師姐阿鳳前導，比金屬探測器還管用。此中，或許也有人如同卡通人物，兩眼貼著碩大的$字，但每個人心中當然都已坐擁抬不動的黃金矣！唯獨阿賢仔，在他多餘的意覺中，多了一份說不上來的詭異，同時，除了阿賢仔之外，眾人內心也多憂慮，深怕被綠島人權文化園區人員或警察發現，他們曾經多次討論許多的「如果」、「萬一」，但誰都知道人算不如天算，再怎麼

烏石腳內側對面的第十三中隊區，乃海崖崩積土石所形成。（2014.9.2）

說，事先已託負帝爺公了。

他們早上出發，短短一段車路，再直進碎石小徑，旋抵達第十三中隊對面的烏石腳。甫一停好機車，阿鳳師姐即指向臨海小山頭下，「金在那邊，在那邊！」「有六個，六個很凶的日本人看守著！」這種導航系統令人半信半疑，卻是在一片茫茫天地間的定心丸、原始座標。一行抬著發電機、挖鑽工具走往靠海面。印銓依師姐神指方向，大致會意，立即指揮阿賢仔、兒子謝展耀、太太秋香，從海邊面切入山洞，但洞穴狹隘，無法連通內面大洞。於是，他們裝上電鑽頭，拉動發電機，想要打出通往埋金處的岩壁。沒想到狀似鬆散的火成岩如同銅牆鐵壁，阿賢仔的虎口作痛，電鑽頭顫動不了多久即報銷。換了二隻鑽頭不過是白費力氣，岩壁似乎紋風不動。

豆大汗珠潸潸滾流，體溫也不斷攀升，內心卻是陣陣寒意。

個把時辰溜走了，印銓、秋香眼看徒勞無功，下令全員轉進，繞往內陸面，依循A司機、福伯仔、阿義仔多年前的路徑，翻上小山頭，從頂上垂攀下洞。

我從印銓老舊的小記事本上抄錄施工記錄，十月四日：阿賢仔、謝展耀、秋香三人各一工，也就是做工一天，這是他用來核發工資成本的計量。十月五日，同上。十月六日三人各半工，然後，戛然中止。

有可能是十月四日、五日在洞中工作的期間，秋香、印銓才將挖金實情一五一十地講解給阿賢仔聽，同時也向他承諾，眞的挖到了黃金，要從自己分到的一份中，拿出一塊給阿賢仔。阿賢仔首度得知原來他的工作是挖金，如今他的說辭是：「我第一次聽到時是莞爾一笑。」或說不置可否。

他們進入的洞穴，在二〇〇七年元月之前的二、三年期間，早經A司機、福伯仔、阿義仔及黑道翻遍了，而阿義仔再度前來是因A司機臨終前的交代，顯然他絕對相信金磚從未外移，只是A故意誤導，令其挖不到而已。阿賢仔寄給我的信中，也肯定黃金的存在，問題是他今則質疑人世間的「眞實」是否眞實，抑或靈界的幻化？

那麼，他們前後進入的海蝕洞，究竟是否像桃花源記的幻化無常？不，絕對不是彩繪浪漫的洞天，恰好相反，是嚇得江湖浪子不敢點煙的幽冥鬼域、了無生機。我問過印銓洞中概況，我也到過現場，但我沒下洞。我寫信要阿賢仔繪圖，他的描述如下：

> 從洞口到下面平臺約有三、四公尺深，然後，緩傾斜向西延伸約二〇公尺，末端則通到更下面的小水坑入口處，那一段也是有些坡度向海延伸，大約再十公尺後，才垂直下降到小水坑，那裡，架設著一座木製樓梯，是先前挖金人遺留下來的，為運出砂石而架設。那邊的通道窄隘，必須要弓著身體進出。（您叫我繪圖，我試了幾次，不畫了，我一點天分都沒有，連自己也看不懂！我盡量說明白就是，抱歉！）

您可以想像站在上方洞口往西下瞰，先是垂降三、四公尺後，緩坡西傾約十五公尺後是平坦地，兩者總長約二〇公尺。盡頭處轉往海的方向（朝北）則是下往小水坑的通道，那段通道是福伯仔（註：夥同A司機等人）他們使用電鑽硬挖鑿出來的，我們也試圖稍加擴大以便通過，然而很快地我們就放棄。我真佩服他們的毅力！（至於他們爲何往下挖，我另有想法）他們一路挖到水平面的砂石量龐大，那些砂石只能運往上方的空間去填塞，從小水坑處藉由木梯筆直上運的那一段倍極艱辛！

小水坑是淡水。

砂石搬運到上方後，使用尼龍袋填裝，再沿靠岩壁，堆疊成一道牆面。洞

烏石腳海蝕洞穴。（2014.11.10）

內空間有限，砂石是大問題，我們就像愚公一樣，挖東，把砂石用水桶提倒西側；挖西，再將土石移往東面，新土加舊土，數量不斷增多，移來倒去，快將自己也掩沒！……（註：他們唯恐被發現，不敢將土石外運，而且，從洞口上運非常費力。）

阿賢仔描述的土石運搬是在第二階段的挖金，也就是二〇〇八年十月二十五日以後的事。

出師未捷先落網　鎩羽而歸

二〇〇八年十月六日午後，綠島人權文化園區的保全員許家文巡視燕子洞後歸來，由於角度關係，回程是向西，恰好看見阿賢仔打著刺龍刺鳳的赤膀在小山頭，還有二、三人在用餐，行徑不比尋常。他向前仰問你們在幹嘛？阿賢仔支吾其詞。許見對方人多，且阿賢仔身軀偉岸結實，他旋走人，請求支援。

秋香等見事跡走光，驚慌之中叫阿賢仔、展耀，速將發電機等重要機械、工具，抬往東下側砂丘上的林投灌叢內藏放，四人匆忙之下，草草收拾物品趁機回統祥。不幸的是，許家文已記下機車車牌號碼，且偕同其他保全員回來，翻上小山頭，赫然發現秋香他們遺留下來的手套、垃圾，以及電鑽頭等工具。

保全員立即通知綠島警察分局，馬上查出是住在統祥的客人所租用的機車，於是，會同員警，循著砂灘、砂丘上的足跡，搜出發電機等一票挖掘的工具。接下來，警察分局向統祥飯店調人查案，何富祥、林秀玉、秋香、印銓先後被詢問筆錄等，想必高清風議員的作用在此發揮？所有受訪人都未在此部分著墨，也非關故事旨趣，反正發電機等工具一概被沒收，且留個案底後，他們落荒回台、鎩羽而歸。

籌備數月，破釜沉舟的秋香、印銓家人，心情如何可想而知。阿賢仔領到二天半的工資，至少也全身而退。難堪的是，各種傳媒競相報導，道聽塗說、內容貧乏、橫添枝節，飛彈在影像、平面報導。有趣的是，秋香他們的大名並未露臉，傳媒的興趣，走調到過往A司機，以及二、三百年前的傳說。這得感謝台灣傳媒的膚淺，還有，對戲劇性強度的超級嗜好。然而，傳媒既有傳染病，也有「潛伏期」，秋香等人的事蹟，是在十月二十九～三十一日時段才浮上檯面，最可笑的是，十月二十五日起，正是秋香一夥，挖得如火如荼、忘情洞穴的時日。對照傳媒的言論：「藏金只是傳言，綠島民眾希望大家不要再來作白日夢了。」「王姓阿嬤說，黃金已經沉往海底去了……還想發財的人，不要再來人權紀念文化園區騷擾了！」

事實眞相如何？黃金早就不翼而飛了嗎？不然，黃金一丁點也沒走失。

最荒謬的是，秋香等挖金客何以在風火刀口、東窗事發的十來天後，竟然捲土重來、飛蛾撲火?!用膝蓋想當然是黃金無限的誘惑，實則不然。

回到水里的印銓、秋香自然鬱卒得將白天看成黑夜，更麻煩的是，秋香回家後渾身不對勁，她在家「水土不服」，無由發高燒，最後不得不住院，然而，醫生檢查不出什麼病因，而高燒的警示，讓醫生下達留院觀察變化的指令。可是，秋香體內有股莫名的衝動，旁人也許可以揣摩，先前投資盡付東流的窘境或心有不甘，何況現實上，往後生活斷無生機，等等，我問秋香何以就在風火熱頭，竟然猛然再度投入？

「……也不知道為什麼，就一直難過、難過，可能是先輩……醫生不讓我出院，我說不行，我一定要過去，我一過去綠島人就好了！」秋香斷續思索著回答。

印銓穩重的聲調說：「尤其是楊尙賢啦！」

我問：「是因阿賢仔特別抓狂，非得儘快再過去？」

「嘸啦！啊伊就欠錢，想賺點工資吧?!」似乎秋香未能會意有何非比尋常的徵兆，即令她自己的內在，洶湧澎湃地翻滾著，某種渴望或催促，應該說她只是不明所以，只一股腦兒想飛奔綠島。

阿賢仔這邊如何？他回到老家似乎分秒也坐立不安，他敘述：

……第二次過去是在十多天後，照道理講，剛被新聞報導的火頭上不宜輕舉妄動，但我身心一天天難受，一種無法形容的難過。他們是怕我自己偷跑過去，他們是被我硬逼過去的！……

（二〇一四．十二．二十七；第二封來信）

這一段約半個月的時日，殆屬人性較勁、角力的大戲，也是神、鬼、人吐劍光的纏鬥，我還是不寫爲妙，因爲我最不擅長於揣摩別人的動機。

而現象界的前半段是阿賢仔與秋香、印銓的電話熱線；後半段則是加上秋香頻頻去電綠島的林秀玉，商議代訂船票事宜。

秋香、印銓不僅下定決心二度東進，他們會同福順討論的結果，增加人手，蔡慶山就是在這第二波攻堅時期才加入的。而有了前次被逮的經驗，加上已經練習了二天半的洞穴操演，還有在綠島生活的初體驗，秋香備起想像得到的配備，大張旗鼓，忙得不可開交。

綠島林秀玉這頭呢？

統祥飯店。（2014.11.10）

綠島在地的助力

我的老朋友蘇董有句口頭禪：「人生眞奧妙！際遇眞奧妙！」他年歲益增，愈是發現生涯過去與現在的神妙、奧妙相連結，這是因爲他的心愈來愈柔軟，接收、感受得到理性以外，各種波段的訊息，不只相關於過往與自己相關的人、事、時、地、物，也包括無形靈異界。綠島的故事正是微妙、奧妙的魔幻組曲，而且，內裡最深沉面，牽涉台灣人人生觀、價値觀、性靈或靈魂的大小轉換議題，綠島金夢涉及的綠島人統祥飯店主人伉儷，他們也因一念之仁，獲得人生境界的大轉變。

前後我三次前往綠島研究調查，住的都是統祥飯店，要不是居福伯叫我問飯店老闆，很可能我出入再多次，也不會知道林秀玉、何富祥就是大老闆。

一九五九年出生的女主人林秀玉正處於含飴弄孫的階段，她矮小素樸，一身鄉野淳風。二〇一四年十一月九日夜間甫一訪談，我問她是否綠島本地人，她大刺刺地說：「不是，我是番仔，花蓮阿美族的番仔！」然後爽快、條理地敘述她的生涯流年，以及她與先生如何打拚，如何由專職護士、經營畜牧業，乃至籌辦一九九九年開張的統祥大飯店的慘澹經歷，而目前生意興隆的事業，事實上正是從二〇〇八年冬合夥挖金，二〇〇九年以降才蒸蒸日上。

而秋香之所以透過台東已歿高清風議員而結識林秀玉，乃因秀玉與高清風是同窗同學。秀玉敘述的挖金流程，幾乎與秋香一模一樣。憑我數十年採訪口述歷史的閱歷，如秋香、秀玉的敘述，坦誠、眞實度都屬於一級，任憑交叉比對都不失眞，差別的只有小小部分，例如主、客位的移動而已。至於每個人的立場，本來就是各異。

秀玉先是說明了冗長的過往挖金故事，然後再銜接自己親證的情節。秀玉講的北京話正屬原住民特有的腔調，調性、主格、副詞、形容詞等位置，常前後移位，外加意識流，有些話語我寧願保留其口語而不失眞。也請記得，秋香他們對綠島人而言，原本只是快速更替的外來客，直到挖金時段的朝夕相處，如今則徹底因爲靈界的連線，成爲一家人。秋香一家人的戶籍，還爲了二〇一四年底九合一大選，何富祥出馬競選而集體遷入綠島。

秀玉補充了二〇〇八年十月六、七日，秋香、印銓被捕的細節：「……被抓了，警察問他們說你們在幹什麼？怎麼穿得髒髒兮兮的？他們也很聰明，他們怕一氧化碳中毒，就把那個發電機放在外面……警察發現有發電機還有工具，然後他們又穿得髒兮兮的，又在外面吃便當。他們騙說來撿貝殼。實際上我們這邊的貝殼是不能亂撿的，所以他就一問之後就洩底了，他就被帶到公館分駐所。結果公館的分駐所就跟我們說它是不是有某些人住在我這邊，我說有，他說現在過去把他們保出來，我就去把他們保出來這樣子，我就說喔，綠島已經有多少人做這個黃金夢，有多少人沒有挖到，我說不要再想了。問題是這些人他們來綠島之前，他們把他們的工具生財工具，比如說挖土機他們把它賣掉……」

我在整理逐字稿，以及之前的訪談，秀玉的陳述予我較傷腦筋，但有她角度的加入，故事才能立體化。

關於秋香在阿賢仔不斷地催促下，只能硬著頭皮找秀玉協助。秀玉敘述：「……我把他們趕走後，結果每天打電話給我。她說：『老闆娘，我們每天吃不下、睡不著。』我說怎麼可能？眞的是沒有黃金哪！你們好好工作，不要這樣子、樣子。結果經過一個禮拜，她每天打喔！過了一個禮拜突然跟我說她在港口了……」秋香其實告訴秀玉酌收食宿基本費用，但秀玉懷疑根本收不到錢，且人已經不請自來，都到了富岡漁港了，霸王硬上弓，無法溝通之下，只好幫他們訂了船票，「在這邊也不曉得哪來的idea……我跟他們說，既然你們這麼有心，不用去租摩托車，我用車子幫你們載到入口處，因爲我怕鬼，我不可能再進去……」秀玉妥協，且擔心被他人發現，決定以統祥載客的廂型車掩護外來客。

林秀玉擔任護士工作多年，她強調她伴同屍體多次，而且她原本信奉基督宗教，何以會說出「怕鬼」？可能是因爲她曾經在綠島「中邪」兩次，現代醫療皆檢視不出所以然，最後得以好轉，都是靠藉乩童、法會而痊癒。我問她：「如何中邪？」

「啊就發高燒，莫名其妙發燒啊！然後就不知道，神智不清這樣子。住院住了半個月都沒效，還說我是恙蟲（註：紅蟲；俗話問候語：別來無恙？說明古代恙蟲是極普遍騷擾人的大麻煩？）咬到……婆婆帶個乩童到醫院看我，叫我回家……下午幫我做個法會，二、三個小時後我就好了！……」「我這個人以前從不信這些鬼神……」

秀玉「中邪」的經驗，秋香回台後的症狀，似乎有一致的，找不到成因的「發高燒」現象，如果硬要連結，不妨說，靈異力量可透過特定的未知病毒，或說某種奇特的能量可以刺激人體免疫系統、防衛機制，產生特定症狀的顯現？

相對於林秀玉，何富祥身軀龐大，渾身狀似古代武將，但思考方式較屬華人精明的類型。二〇一四年十一月九日我訪談他時，他細數他如何從台東基督教醫院照顧老爸，結識學妹林秀玉，乃至婚配、共同奮鬥的過程，包括移民美國不成的故事，彰顯的也是一部台灣從強權，過渡到民主的草根映象。他跟秀玉都是台東農工畢業的，他是一九五八年生。

他也強調過往從不相信靈異事件，旅館的生意一直沒起色，直到協助或與印銓、秋香合作挖金之後，「客人幾乎每天都讓你忙到沒話說！」然而，關於挖金的烏石腳，其地形的變化，何董有其獨特的見解；挖金過程的細節，他也有不同的論調，但以故事實

富岡漁港碼頭出海後，背景即猴子山，二〇〇八年十月二十四日，秋香等挖金客二度跨海東進綠島，揭開綠島開拓史謎的關鍵環節。

質發生的事件爲基準，不同詮釋或說法，在此但存而不論。無論如何，沒有何董與林秀玉在地人的幫助，綠島金夢是不可能圓滿的。

黃金乍現

二〇〇八年十月二十四日，秋香在富岡碼頭逼出船票後，大夥兒運搬沉重的行李上船，尋覓座位坐定後，從等候、啓航，到航行太平洋的一路上，心情複雜曲折。二度重來、風火雷電，固然是帝爺公指示一定有金，其實心性上似乎已然轉變，有種說不出的念頭，好像是「責任」般，已然形成一種神聖使命似的，無論如何，非得挖出金來不可，印銓、展耀也如同一生志業（挖土機）盡在此舉的態勢。而阿賢仔只知道來就對了。

富岡漁港渡輪碼頭。（2014.6.24）

有了上次洩底的經驗，他們自南寮港口甫一上岸，統祥飯店的廂型車伺候，人貨迅速離開碼頭。這次，他們備有魚竿、魚網等佯裝釣客，而且，思考、準備好洞中一套工作服，離開則是一副釣客狀。

然而，何董囑咐，先前在警局已留有案底，如今挖掘工作必須擺在夜間，而住處在旅館左斜面的兩間平房處，白天不可露臉，除非叫吃飯才可出來。因爲冬季觀光客幾近掛零，外人一露臉，綠島人、警察立即可辨識。

何董也跟我說：「先前已經洩了底，現在風聲鶴唳，他們冒著大不韙硬闖。而警局早已清楚挖金客，我要他們別過來，不料他們硬是說玄天上帝託夢一定有

慈航宮。（2014.11.10）

金，非過來不可。他們過來了我才知道！萬一再度被抓，連我都有事啊！那群人很是尊重我，但我不收留他們，他們要住哪裡呢?!所以，我晚上六點將他們載到慈航宮，讓他們走到烏石腳，深夜十二點到一點之間，再去載他們回來，用以避人耳目……」

「他們眞的很認真耶！人的貪念眞的是！」

就在抵達綠島的隔夜，秋香他們出動了，禁錮命運的鎖鍊即將被打開了！

二〇〇八年十月二十五日入夜，慈航宮的觀音佛祖、釋迦佛祖、地藏王菩薩瞥見一車挖金客下車，走向美麗新境界；阿賢仔的眼角餘光也浮現佛、菩薩的靈光一閃，那是他長久以來，一直不敢直接迎向的愧疚，而且，他體內還有汙濁的煙毒渴欲，那種足以撕裂每條微血管、每道末梢神經的顫慄。

慈航宮的觀音佛祖。（2014.11.10）

第一夜進洞工作的，我從印銓記錄工資工作天簿子上確定，計有印銓、秋香、福順仔、楊尚賢及蔡慶山等五人。有趣的是秋香，她從十月二十七日至十一月十日期間，沒有工作登錄，而所有人在十月二十九日~三十一日停工，十一月九日、二十三日、二十五日，十二月四及五日、十一日、十六日、十九日、二十五日、二十六日及三十一日也未見施工，而記錄末尾是二〇〇九年一月二日。

包括第一次，合計挖掘工日是大於二二五個人工日。

眾人朝思暮想、分秒盼望的時刻也該降臨了！

慈航宮的釋迦佛。（2014.11.10）

慈航宮的地藏王菩薩。（2014.11.10）

二〇〇八年十月二十六日，施工的第二個夜晚八點多，秋香、印銓已經二、三度下洞挖掘、搬土移位，五個人三三兩兩、上上下下輪替，因為由洞穴最下方小水坑處，到洞口的垂直深度約有三、四層樓，下方氧氣顯然不足，工作容易疲累，加上頭燈軟弱，周遭一片漆黑，加深視覺心理的負荷。未曾在洞中待過的人，很難體會黑暗還有次第等級的暗與黑。

原本就敏銳異常的阿賢仔揮汗如雨，但全身毛孔卻不斷地傳導陣陣寒意。他跟蔡慶山負責將斜洞緩坡及平臺挖出的土石，弓身攀爬筆直的木梯，氣喘吁吁地抬往一樓深下方的小水坑堆塡。阿賢仔高大的身軀，加上一水桶土石的重量，每當勉強與蔡慶山在木梯上摩肩交會時，他常有一種痙攣的感覺，深似整座木梯將在瞬間蝕解。

工作大約半柱香後，阿賢仔愈發感覺不對勁，他的恐懼感伴隨腎上腺素的升高而暴漲。他叫出聲：「慶山仔！快，快，快出去！」他直覺像是將被整座石山掩埋的危機。他倆狼狽地爬上平臺斜坡跟前，頭一抬，頭燈瞬時照在懸露在土石外的兩根白森森的骨頭。他頭皮一陣發麻，電擊似地傳導到腳底。

阿賢仔自述：

就在那兩股奇濃氣味發出處，我首度發現公婆的骨骸。那兩根白骨的姿態，分明是被人一抬手、一抬腳放置屍體後的並列。我將它抽出時，兩根都斷裂。我拿一根給蔡先生，他看了看，大概也會意了，隨手將它扔掉。我再順手挖進去，我手指扣（摳）出了三顆牙齒。確定是怎麼一回事後，我反而靜下心來，先前所有的恐懼、寒意整付攤平！我倆人攀爬出洞外……

那時，秋香在斜平臺上往山壁角猛挖猛鑽，她瞥見阿賢仔、蔡慶山往洞口爬出，不禁破口大罵：「你們一下子就要上去了？這樣要挖到什麼時候？」

秋香口述這段電光石火前的場景：「我下到約三層樓深處挖。我那天一直像是要發狂，也一直想要罵人。那洞窄小，阿賢仔也不知道在急什麼，他跟蔡慶山爬到最下方，怎麼一下子就爬上來了。我罵他們。我生氣，我就拚命挖。我右手挖出一個碗大的東西，偏偏燈罩沾滿汗水，矇矇看不清楚是什麼碗糕，我拿到鼻孔前嗅一嗅，沒味道，就隨手往地下一丟，繼續挖。而阿賢仔說了句他撐不住、很難過，就爬出去了。」

「我叫咱阿銓仔下來挖。阿銓仔下來後，我就鑽到最下面，我一直耙出土石，阿銓仔幫忙掏起土堆。我繼續邊挖邊罵……」

綠島夜涼如水。滿天星眼，和著太平洋連結到地獄般的憂鬱，以及粼粼的波光跳躍閃爍，鋪陳無邊無際的宇宙洪荒。

阿賢仔杵在洞口邊，蔡慶山坐在岩塊上，誰都不想碰觸澎湃的一頃死寂，生怕呼與吸的粗魯，打破薄如蟬翼的琉璃世界。對阿賢仔來說，他長年來對「無形」的厭惡、排斥，固然讓他留存抗拒的慣性與夢魘，可如今，卻有股截然不同的氛圍，有點兒類似他感情世界的俗與聖，兩相衝突的矛盾。

天地帷幕、海天一色的大背景下，小背景的烏石腳山丘頂上，但見阿賢仔枯幹般的剪影，劃撥出微弱的一道暗火，點燃起香煙插在地上，挺直後也爲自己點上一根，兀立猛吸，對照蔡慶山灌叢般的黑影，遠遠透視，兩點星火，此起彼落，交替明滅。阿賢仔並未察覺，就在他將香煙插地的瞬間，極其幽微的一道銀光，從洞口映射中天，而且，只因另個小山頭阻擋視野，以及他的心思噙住在小小的焦點，否則，阿賢仔必然可以觀見對坡上，第十三中隊數十座墳頭，每座墓碑上，端坐、倚坐、箕坐著一幢幢黑影，凝視著氣沖斗牛的銀光！

禁錮二一五年的冤魂奔瀉而出，第十三中隊的難友躬逢其盛，發出一陣歡呼，額手稱慶！只緣阿賢仔前世本來就是個犯戒的法師，直到今生歷經萬般劫難，在此海隅山丘，劃開了救贖的香火。現象界他毫不自知。

阿賢仔自述：

我點了一根香煙默禱：我知道祢在這裡了！現在我們先回去商量，請保佑我們平安，我們明天再來。我把香煙插在地上，自己也點一支抽。然後我呼叫在洞中的印銓及秋香上來。接下來，等他們上來的那段時程，我一直盯著地上的那支香煙，就像有人不停地猛吸，火紅的高燃點沒停止過，那是第一次在那裡看到的怪事（後來，每次下洞，都點很多香煙給祂們，燃燒的速率都很快，快到不可思議！）……

（二〇一四・十二・二十七）

秋香的驚悚

阿賢仔向洞中喊叫一聲：「銓兄、銓兄，上來啦！」

洞中聞聲的秋香更加火大，嘴裡咕噥著：「都還沒挖幾下，自己溜上去還要叫別人也上去，啊你！錢都我在開，你不做也罷了，還叫我們上去！……」「阿賢仔讓我罵得狗血噴頭……」與其說她在罵阿賢，不如說在伸手不見五指的洞中自我壯膽。這面向，我在台灣山林野地頗有類似經驗，例如登山朋友，已往生的阮榮助攝影師，有回，我們一齊前往秀姑巒山，途中夜宿白洋金礦，他老兄一到營地後，跑到懸崖邊破口大聲「誶（tsáh）幹譙（kiāu）」，我問他：「阮吔！你是咧起狷咻？」他說：「這裡不乾淨，鬼，最怕誶幹譙，誶誶咧就會平安！」我心想女生呢？就得詈（lé）詈咧？這類「功能」類似布農的萬物有靈論，自己的精靈必須強蓋過土地的精靈，農作才會豐收，而華人說的「壯膽」，其實大抵都是自我安慰或自療恐懼？當然，聽最多秋香開罵的，不是唐伯虎，而是謝印銓。

見秋香與印銓不肯上來，阿賢仔再度向下喊話：

「銓兄！緊起來！有人往生啦！」

聲浪下達，秋香豎起了耳尖，心田快速繞轉了幾圈。他們到達綠島的隔天白天，「阿銓的弟弟來電，說我們一個阿叔在桃園，已經送進加護病房，可能要死了，我答說：『我們已經在綠島了，沒辦法去探視了。』我只想儘快挖，帝爺公不可能騙我們的，阿叔往生後我們才去拜吧！」因此，阿賢仔叫說有人往生時，「印銓以爲是阮阿叔過往了，可是不對啊！大家都關機，洞中也收不到訊號，而且阿叔死訊也不會傳給阿賢啊！」

心神繞到剛才，秋香想起她聞過、隨手一丟的，碗大的、圓圓白白的東西，她的手電筒直搜尋，卻照見一直忽略掉的，平臺另一邊，層層海砂土堆疊中，一點一點、長短不一的白色的東西。剎那間，渾身所有毛孔緊縮，她大叫出完全失聲的大嘴巴，然後「一直爬、一直爬」，卻始終在原地！

秋香回憶：「我嚇得……足恐怖吔！我驚甲足驚吔！我的腳腿軟掉了……」她擠不

出其他形容詞。我所有的訪談，沒人講得出秋香與印銓如何爬出洞口。
「我叫他們上來，說有人往生在這裡，秋香嫂子誤聽其中哪一位死了，嚇得腿軟久久才爬上來！哈！後來她倒幫我撿了不少骨骸，至於後來不肯再撿的原因，您可以問她……」阿賢仔如此解釋。有意思的是，阿賢仔無意間寫出了「幫我撿」這樣子的字眼，或說整個「承擔」的潛意識吧?!而這也是今後阿賢仔無所遁逃的責任。
橫直五個人鐵青著臉色，誰也講不出話來。明明有金，帝爺公玩笑總不能開得如此這般荒唐吧！更貼近事實說，沒人此時此地還有多餘的貪念，要說貪念，也得在另番環境下，才能橫生出來。此刻，夜色掩埋了五人不等程度的哆嗦、打顫。
四個男人猛吸著煙，凝視著暗火一熾一滅，分不清夢或清醒。時間晚上九時一刻。秋香歪歪斜斜地按著手機號碼鍵，林秀玉一聽是秋香，強掩雀躍，低低探問：「喔——哇——眞的有味吔?!」秋香只能擠出幾個字：「沒啊！趕快來接我們回去！」
秋香一行走下小丘，讓海風從背後推送著走，誰也不想面對左側第十三中隊的光景。他們走到昏暗燈光下的慈航宮，秋香猛拜。

秀玉狂喜

我的訪談無能描繪秀玉接到電話的表情，但尚可感受些微她那瞬間心臟的緊縮，以及接下來的忐忑不安，夾帶著雀躍的狂喜與狐疑。

秀玉敘述：「他們來綠島的第三天晚上九點多，提早打電話給我說：『老闆娘妳來接我們。』我想說好像是有黃金耶！要不然的話，怎麼可能九點多打電話來？那時我跟我老公去參加那個我們這邊有人往生嘛，去幫忙、去陪他們這樣。我跟我老公講說：『眞的有黃金耶！啊不然怎麼現在打電話給我們？』那種貪念自然會有的！然後跟老公說：『哎呀，完蛋了！他們那些人就是沒錢才去找黃金，萬一眞的找到黃金，他們在裡面殺了起來怎麼辦？』我們都這樣想了，然後才想到我們要去載他們，眞的有黃金我們要怎麼去載？都這樣想了！啊，結果咧？」

「多快十點我就到那邊。一上車，我說怎麼那麼早打電話來，他說裡面有人往生這樣子。我頭皮發麻，就說怎麼可能啦！我就很怕跟他們……一路上我都不敢講話……」

這一橋段，車從慈航宮到統祥飯店的十多分鐘期間，讀者可以進入情境臨摹、想像，如同紐約二〇一四年上演的戲劇，那是在一棟廢棄工廠地下室到六樓的空間裡，演出《無夜眠》，劇目是「馬克白」，觀眾流動趕往一個個空間劇場，每位觀眾戴面具，規則是不可以講話、不可以觸碰演員，但演員可以觸碰你，你可以撫觸道具、場景。如此，在這一廂型車內，載著剛在洞內，因發現黃金而內鬨，已經殺掉一個人的一群人。而你是林秀玉，你在十餘分鐘回家的過程中，想什麼？會做什麼？記得喔，將近二千公斤的金磚還在洞穴內。

秀玉繼續陳述流程：「一回來我這邊，我說你們去涼亭那邊，不要進房間。過一陣子我通知你們再進去。我怕他們跟進來，他們眞的在外面聊很久。我老公分析說，可能眞的有黃金喔！不然的話爲什麼要殺人滅口。」林秀玉的受訪，至此又叉到後來的時空事件去了，我也沒有追問。

何富祥談到這一段時說：「……那天適逢鄉長的父親過世，我們前往陪家屬守靈，我太太接到秋香電話後跟我說：『看來是挖到黃金了喔！』我們相互討論說：『五〇多塊，一塊三十五公斤耶！要用什麼車去載呢？要嘛，今天晚上務必要迅速載完才行。』我們到慈航宮及技訓所旁時，他們已在等候了。一見面時，他們就說：『董仔、董仔，那裡面有人往生啦！』我當場嚇到，我看看他們五、六人俱在，怎會有人往生？後來說是骨骸，人的大腿骨。我載他們回統祥。後來我跟他們討論，我判斷，那洞深達三層樓，既然有人的骨骸，有可能就是藏金之後，被殺滅口的，畢竟黃金數量龐大啊。那麼，我跟他們說，從明天開始，不要再想金塊事，就專心清理骨骸，骨骸清完了，若有金，就是在這些骨骸的下面了……我們平地人一旦發現骨骸，就得幫人處理……」

秋香、印銓「奉玄天上帝旨」，甘冒危險要挖出近二噸的黃金，卻在第二天急轉成人類遺骸出土。這齣戲轉得唐突，但擺在眼前的事實就是，歪插斜擺的森森白骨。秋香唯一想得到足以救援的，還是阿鳳師姐。

「當晚我打電話回松柏嶺阿鳳師姐，師姐說：『有啦，裡面有位往生者叫做廖春生或廖春興啦！』我說如果只有一個，那沒關係。第一天發現後，我們沒敢動它。完全沒料到後來愈挖愈多……」

這群懷抱著挖金大夢的窮光蛋，該如何走往下一步？無論如何，死者爲大，既已有緣相遇，總該善後再說吧！

第四章
靈異傳奇 駭人聽聞

7-1 集節錄

人世間或萬象活動如同有能量就有暗能量、有物質就有反物質，任何人的存在或行爲，在另一平行宇宙間，也存在另一對映的世界，但並非物理現象的鏡面反射，而是極爲錯綜曲折與幽微奧妙，因爲那是意識或靈魂界本身的特性。讀者請原諒，那不是言語所能表述，就像《綠島金夢》的故事走到這裡，事實上整個重點或主角已由阿賢仔擔綱，但在現象或現實中，或故事舖陳，他仍然是配角。依我近年來對宗教哲學的浸淫，我或可說，整個故事的流走，其實只是阿賢仔一個人內在意識的幻象，卻是所有人的眞實。我並沒有駭人聽聞，而是所有挖金參與者看到的事實，只是阿賢仔的意識或想像所應現。然而，所有人不相信如此，甚至阿賢仔本身也不知情。

十月二十七日入夜，挖金隊伍懷抱著初衷的挖金夢，且依越洋電話阿鳳的指示，只消將「廖春生」的骨骸挖出之後，一切還是朝向終極目標前進。然而，所有人在進洞前後的心思始終錯綜複雜，簡直如入異次元世界。

他們開始工作之前，以香煙代線香，默禱後，三柱插入土中，也爲自己點上一根。

不是靈異　只是事實

他們萬萬料想不到，地上三柱香煙在眾目睽睽之下，直似有人猛吸，從入土開始，焰火直亮，稍不停息！除了阿賢仔及師姐阿鳳之外，其他人對烏石腳的靈異經歷，盡從香煙燃燒的異象開始的。

何董的敘述（二〇一四．十一．九）最聳動：「在二、三層樓高的地洞底，裡面是沒有風的，三根煙插在土中，我自己的煙吸一、二口，那三根已經抽完了！在現場眞的讓你恐懼不已！……」

印銓說的較平實：「在洞中，香煙就像有人在吸吮，亮一下，有煙跑出來，亮一下，煙再吐出來……」秋香補充說：「祂們說若沒抽煙，祂們就不愛出來！好好笑！煙一點下去，喔——祂們吸得比人還要快，直直吸下去！足愛吃煙咧……我們香煙就一直買啊！」

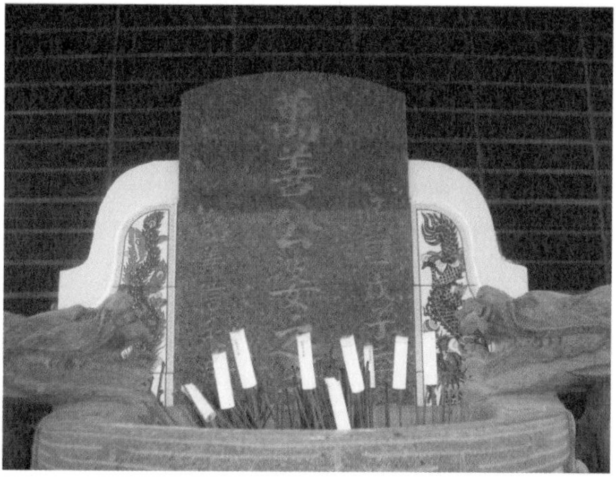

超愛抽煙的「先輩」，其在禁錮約二一五年後，第一口香煙即阿賢仔所孝敬。（2014.11.10；2009年落成的萬善祠）

事實上，受困二百多年的鬼魂，嚐到的第一口香煙是阿賢仔在洞口點燃的，已如前述，而由於所有人一致證實這群亡魂「嗜煙如命」，這筆額外的開銷，也形成捉襟見肘的秋香更加吃力！然而，香煙誌怪只不過是序幕，接下來一連串的「超自然檔案」，比電影還不可思議，畢竟電影只是電影，而挖金靈異或異象卻眼見爲眞，逼得任何參與者不得不信，否則就是自己的官能失常。

「原本我想師姐說有一個，我說沒關係，我們來爲他善後。不料愈挖愈多，後來，不對了，愈來愈多……我就打電話給我女婿（劉志良），從台灣剪了三塊紅布過來，但是還是愈挖愈多。好在後來綠島有個阿嫂仔，她有整捆紅布，就一次三塊、三塊剪……」秋香如是說。

其實眞的有趣而値得玩味的是，從發現骨骸、開挖骨骸，乃至清理前一批挖金客裝塡在尼龍布袋中，破碎零星的遺骸，終至清撿殆盡，合計有明確記錄的二二五人工日，日期跨年由二〇〇八年十月二十七日，到二〇〇九年一月二日始告完工。此間，每一天、每個工作夜晚，他們在超級骨骸洞中撞見什麼？內心盤旋什麼？如何由挖金夢，到全心全力只想幫死者一解二百餘年的桎梏，超度亡靈於禁制，此間心態、價値觀的轉化，毋寧才是整個大夢的核心議題。奈何「明眼人所見不多」，語言、文字可以承載的有限，事後的訪談只能說聊勝於無。然而，我還是相信我的筆冥冥中載有特定的歷史任務，《綠島金夢》還是註定得完成二百餘年來未見史誌、刻意被隱瞞的土地情節，留下部分見證。

白骨森森 一百零八具冤魂？

究竟秋香他們這一開挖，挖出何等歷史的大悲劇？顯然地，這是綠島原住民亡種滅族的斷代慘劇！

說起話來緩慢平穩的印銓如此形容：「我們在下洞約二樓深的平臺，骨骸就是埋藏在此平臺中，寬約四～五公尺，長度約十五公尺。我們從坑洞沿右側下來，另一邊就是骨骸所在地。這些屍骨層層沒有秩序地堆疊……」秋香加進：「喔——土砂中到處都是白白、白白的東西夾雜著，連石頭掀起來都是……祂們來我夢中說，祂們是集體被屠殺的！……太恐怖了，嚇得我不敢下去，我腿都軟掉了……」

全力挖撿骨骸的阿賢仔，從獄中寄給我的第一封信如此敘述：

……骨骸的分佈很廣，層層相疊，最多層的是靠近現在的洞口處，刀械、遺物都是在最底下一、二層發現的，我可以確定遇害時那些東西都是佩帶在身上的。在最下面的骨骸，因為潮濕，幾乎快腐蝕光了，上面層次的，則因海砂乾燥，所以都相當完整，而且都已經石化了。另外，最上層的骨骸，有二、三顆頭顱骨沒有身體的部分，可想是怎樣的遭遇了！從山洞裡面的地形平坦，判斷是經過一番整填過的。另外，在洞口的最西面，則發現一只大約五、六〇公分寬面的陶罐，且周圍的泥土較他處灰黑，泥土中有很多捲曲的魚鱗片。陶片、魚鱗都極易碎裂，稍用點力即成灰。依我的想法，「公婆」們（註：阿賢仔稱呼那些先人骨骸代表的靈體及形骸爲「公婆」；秋香他們則稱「先輩」，讀如「仙拜」，是日語前輩之意，兩者皆代表尊敬其乃先人）在那山洞生活有些時日……

（二〇一四・十二・十二）

由於阿賢仔是發現人，且最是投入撿骨的工作，他是第一手經驗，其回溯記憶的陳述固然可信度極高，但其推論的部分，或可存而不論，或引爲討論的內容。而依據其敘述，我亦可推演、假設如下：

一、最多層骨骸處，層疊於洞口下方。很可能洞口正是殺人者棄屍時，一具具從上方洞口往洞內拋下，因此，洞口處骨骸最多層疊，且再往四周滾落。

二、其所丟棄的屍體，包括最後遭砍頭的二、三具。

三、很難想像棄屍後，殺人者再進洞整理。如果需要如此大費周章，爲何不採挖掘萬人塚方式掩埋？之所以選擇洞穴丟棄，最可能是圖謀方便、不費功夫。充其量，邊棄屍、邊從洞口倒進海砂，或一次、多次棄屍後，從洞口灌進海砂、土石覆蓋，或有掩飾屍臭效應也未可知，或依華人信仰慣習，上覆土石，壓制鬼魂不克出來報復，等等。二百餘年來，多次颱風豪雨將土石疏流爲平坦地，但順自然力營造而已?!

四、我可輕易否定死者在洞內生活一段時程的可能性，因爲該洞密閉，並無通海邊的其他出口（尚待仔細檢查），除了可能一齊丟入的陶罐外，該洞並未出土其他生活用品，除了棄屍之外，實在難以推演該洞可能爲人口生活處。然而，如果原本有洞口通海邊，棄屍後加以封閉，則上述推論無效。

五、這批骨骸是否爲同一種族，尚有疑義。

以上只是順手敘述而已，以後再予統合論證。

阿賢仔第三封信再度描述：

一開始是並列的骨骸，因受地面濕氣，骨骸腐蝕得嚴重。（我研判是蓋技訓所取走砂石之後的破壞，加速其腐蝕。如再晚幾年，恐怕也不易讓我們發現祂們！）第二層之後的遺骸就較完整，而且撿得較快。海砂中的骨骸都略呈石化。在那二個多月的時程中，只要一進去，就不停地挖；只要看得到的就撿……

（二〇一五．一．二）

好個「只要一進去，就不停地挖；只要看得到的就撿」，在阿賢仔而言，似乎他註定的，背負一個先天的任務而來，金磚、金塊似乎全然拋到九霄雲外矣！

由於他們每天深夜回到統祥後，大夥兒吃泡麵等，旋開會檢討一天心得，可能夾雜黃金夢，但重點已集中在這批骨骸本身了，因「愈挖愈多」所面臨的多樣駭異之外，如何處理骨骸，也隨著其出土而日益沉重。當然，在沒到挖掘現場的合夥人而言，並無看見骨骸，難免滿腹狐疑。

何董說：「開挖骨骸的第一天（二〇〇八．十．二十七），我去載他們回來，說挖出七、八具。我問他們如何判斷七、八人，他們說看頭蓋骨，當然一個頭骨就一具啊；第二天說將近十具，或說出土已達十八人；第三天也跟我說大概七、八個。第三天時，我心掐了一下，問他們說可能已經挖出將近三〇個人耶，你們有沒有騙我啊？好，明天我要跟你們下去看。他們說：『好，董仔，因為你太胖，那洞難下，先得一個人下去頂著，你才能下。』第四天我就和他們下去了，我蹲著才能下洞。到下面後，我坐在一顆石頭上（註：那時他也不知道那顆大石頭下也是一大堆骨骸！）看他們清理、撿拾。喔！眞的是！我為什麼說重重疊疊？例如說這裡挖到頭顱，有牙齒的；那裡挖到整顆頭顱都完整的，但奇怪的是，圓圓頭骨旁邊卻是一隻大腿骨，旁邊又有排骨歪插著……就是重重疊疊、屍骨交錯！」

「他們挖掘時沒辦法像一般撿骨，一整具撿起，而是七零八落，一下子撿到大骨，一下子清出排骨，忽然又冒出頭顱，再挖又是細碎骨骸。有些只是一小節、一片斷，甚至有些大腿骨只剩一小節，差不多沒有全身骨骼完整的！……後來，我們清理時，加上一個動作，我們漢人的觀念，在撿骨時，都是將牙齒拔起來嗎，說是什麼要不然會吃子孫的，所以呢，我們把所有牙齒都拔起來，裝在大罐克寧奶粉的鐵罐子，剛好一罐。喔——那些牙齒都很白、很漂亮，當時我開玩笑說，某某人，你不是掉牙齒嗎？就挑一只去裝吧！……」

至於究竟實際上挖出幾具屍骨，從數十到百零八具都有人估算。我想之所以說一〇八具，很可能是由阿堂師講出的，殆取義於三十六天罡、七十二地煞，合計一〇八條好漢、英雄的典故，用以代表人數眾多吧?!

而隨著整理骨骸的過程中，異象或靈異事件接二連三發生。

靈異傳奇　日夜異人同夢

開始撿骨之後，面對一天一天那麼多的骨骸，眾人一方面心驚肉跳，另方面也開始思考該如何處理這些骨骸的後事。他們每夜回到統祥就是相互討論、腦力激盪。

秋香回憶：「有次我問阮阿銓，這些骨骸怎辦？印銓說，要不然將這些靈骨請回水里火葬場附近？那裡有間菜堂，楊尙賢的姊姊在那菜堂誦經、修行。結果，那天晚上祂們就來託夢了！接近天亮時，我夢見有兩位，體型都很高大的人來找我，很高，一男一女。男生的臉相我忘記了，女生的臉很俏美，足媠（suí）吔喔（很漂亮），身穿白襯衫及窄裙，體態婀娜多姿。他們向我說：『足感謝你們！足感謝！你們爲什麼這麼好！』我問：『你們感謝什麼？』他們的意思是很感謝我們將祂們撿起來，然後說，祂們要去機場那邊。我說，『我才不管你們咧，我們現在已經撿了那麼多骨骸，都不知道要去放哪裡了，我們哪來力氣再去管你們什麼事！』他們就說，『我們就是被你們撿起來那些人派來的，祂們要住在機場那邊！』」

「其實那時候，我們在開挖時最怕被人發現，綠島狀況幾乎全然不清楚。好笑的是，那時我根本不知道機場在哪裡。隔天我去問統祥飯店的廚師機場在哪兒？廚師才告訴我在哪裡。還有，在夢中，我也很白目地反問那一男一女，眞的有黃金嗎？他們說有啊！然後又不知說『五』什麼的，我就醒來了。」

「還有一次，一男一女又來告訴我，要用三牲、雞去拜拜……」

綠島的秀玉敘述：「有天晚上沒去挖，我們就在外面聊天，聊、聊、聊，才九點多而已，那個太太，就秋香啦，她跟我說她想睡了，我說想睡就去睡啊！你知道嗎？進去大概沒多久又出來了，跟我說有一對男女講說，你們怎麼那麼好，很感謝喔，你們幫我們這麼大的忙，秋香就跟他們說……（同上，內容完全一樣）啊，可是秋香他們從來就沒出門，根本不知道機場在哪裡，連我都不知道機場旁邊有個墳墓地！秋香醒來就馬上跟我講，可是她很懷疑是不是眞的。」

「第二天早上，白天喔！我沒想到我才進房間沒多久就睡著了，好奇怪喔，昨天晚上告訴秋香的那兩個人，也跑來跟我講同樣的話！……」

林秀玉認爲爲什麼會發生這麼巧妙的，兩個不同人，卻夢出一樣的情景、話語內容，「因爲在秋香入夢的前些時候，大夥兒在聊天討論時，大家開玩笑說：『大家都沒錢，不如這樣，每個人分一大袋，各自處理……』結果晚上鬼魂就來了，因爲祂們怕分開，我們是半開玩笑的，但是祂們很直，開不得玩笑！所以晚上讓她夢、白天讓我夢，就是擔心我們不相信祂們！這是非常靈異的事件……」

鬼神再度連手　同指靈地

秀玉繼續講下去：「還有，玄天上帝那個師姐啊，因爲那時候骨骸很多了，我跟我先生說我們總不能說沒有錢就用最沒錢的方式去處理祂們，挖個洞把祂埋在洞裡。但是我一直在煩惱錢、錢、錢，因為秋香他們那些人根本都沒錢啊，最後勢必變成我們在處理！結果那天我就作夢了，祂們說錢不用擔心啦！後來果然真的都一一成真耶！……那天，我老公跟我提議說，先輩說要住在機場那邊，我們去看看。」

「墳墓地那邊有兩條路，我們往靠海那條路都找不到合適的地方，我們再走靠機場這邊，就在以前是軍人的營區處，當時長滿林投叢，我老公說這裡以前都沒人埋過，看起來也不錯，就停在那邊。（註：好像是說冥冥中被牽引來此）」

「後來我們也帶那個師姐、地理師阿堂師來機場邊，各處看。其實我也在測測那位地理師。沒想到他們竟然也挑上我們認可的同一地點！那個師姐也在那邊嗯嗯哈哈，她一直在講祂們的方言，然後向我們說這個地方就好。阿堂師也說是這個地方……」

師姐代表的是玄天上帝、林秀玉何董代表的是鬼魂及在地人、阿堂師則是客觀風水地理的合適度，三方面都不約而同指向後來建立萬善祠堂處，實在難說是巧合而已，根本是神鬼聯手，共同指定吧！而且我認為，此地一來是公墓區，省下一筆讓他們破費購地的煩惱；二來，此地恰好可以看見蘭嶼島，如果光由這點巧合的延伸，我直覺可察覺這群冤魂更古老的原鄉正是蘭嶼，或說，毫無疑問，這批死者最可能是達悟族原住民。也就是說，歷史與民族誌必須新寫，綠島在十八世紀暨之前，徹底是達悟民族的故地、原鄉，他們亡種滅族於西元一八〇〇年前後，慘遭小琉球移民而來的泉州人之手！當然，這只是我個人的猜測。我沒有要做任何歷史翻案，但冥冥之中，合該有人註記生界的滄桑。

而由秋香與秀玉的夢境直舖，我更想推演台灣宗教哲學的寓涵。

一、秀玉無意間提出的「鬼魂很直」，不能開玩笑，間接指出至少這批鬼魂無有「他心通」的能力，祂們接收人的訊息，只能透過聲波及行動判斷。這面向，我過往在民間的訪談或聽聞，存有多次類似見解的經驗。神、鬼、人可能存在於不同的異次元時空，或平行宇宙。不同平行宇宙在物理學層次或物化世界是截然不可相通，但在超越心靈層次（心靈指感官覺知、識覺、思維、意志、行爲等，或我執、我覺等部分，常態下無法連結），也就是西方的靈魂、印度的意識、佛教的阿賴耶識層次，則可以互通。

二、神、鬼等抽象無形在人世間行事，必須透過人的靈覺而影響世間人去執行。人在人世界擁有無上的能力與行爲，神、鬼無能跨越，或只能透過人才能作用。此面向，我在印度宗教史、基督宗教（房龍的解析）等理解，也有異曲同工的感受。

三、如果由我解夢，我會將秋香、秀玉夢中，一男一女前來託夢者，男生可能是玄天上帝、女生則是觀世音菩薩，而非鬼魂。

四、個人認爲最有意思的夢中問答，秋香問託夢的一男一女有金嗎？一男一女回答：「有啊！」不只是指骨骸就是「皇金」，更重要的形上及心理意涵，正是台灣傳統宗教的「觀音法理」，也就是觀音以任何人的心理狀態，來超度任何人！不管正面或反面，《法華經》的〈普門品〉就是反覆闡釋此原理或心理療法。秋香等人，心態的全然改觀，從挖金夢轉折爲做善事的關鍵，就在此夢中直接轉化！

五、然而，此夢之後，挖金客在骨骸洞中，乃至完全清除之後，他們遭遇排山倒海的靈異事件，卻又突破了上述原則，甚至是直接打破一般鬼魂的能力，直是超自然的魔術，也將此部金夢故事，推往最高潮。

六、至於楊尙賢，事實上、形而上，他應該是不自覺之間，催化了所有人的識覺。他是法師。

驚濤駭浪　靈骨跳躍

談到不可思議恐怖事，我還是從理性、平實來。

先引述阿賢仔先前提過的，他從小就屢屢「遇見」無形事，但他確定無形幻化的：

醒來後也就知道了！我很肯定清醒之後，一定會知道是遇到什麼。我曾經到一處人間絕對不存在的仙境，祂們幻化出的地方無法形容，我在其中過了一夜。醒來後是在樹林中的菅芒花叢，被蚊蚋叮得一身疱。現今回想也不壞，至少過了一夜的綺麗世界……

姑不論阿賢仔是否如同全球各地巫師、靈媒，藉助特定迷幻藥物而進入太虛幻境，就我在大自然山林的體驗，任何宗教天堂極樂世界，通常是自然物、地景在感官及心靈傳導出的思想波，而人也只能噙住內心的無常世界。至少我可確定芒草花刺激出來的桃花島，無與倫比。

而阿賢仔在綠島場域的境遇：

雖然時時有奇怪的事，但卻不是令人陰森悚然的靈異故事。綠島的那些人、那些事常讓我縈懷不已！在小島上我是何其地忘憂！那時我早已被二個法院通緝，一個惡人受到島上人們以敦厚相待，那種感受只能以銘感五內和慚愧來形容！

然而，阿賢仔的數封來信中也提及：

……過程太嚇人了！……您可以問秋香、印銓他們，肯定會聽得您毛骨悚然?!至於念頭整人的事，還有更厲害的，礙於情面就不說了！……

顯然語多保留的阿賢仔，不願敘述「迷信」事，但我從印銓口中，卻得到非常的異象：「有夜，阿賢仔跟福順仔吵架，然後似乎有點怠工。那時，已收集的骨骸，一包包紅布打包著，都置放在平臺邊。阿賢仔上去躺在骨骸包旁側。他手調皮，伸進去骨堆亂摸著。突然他跟我說：『銓兄！銓兄！先輩生氣啦！骨頭會跳動！』我當下的反應如同一般人的回應，我說你不要講些『汗鼓』！事情就過去了，沒再提起。」

「有次，阿賢仔在先端挑撿骨骸，撿放在水瓢內，我負責彙整拿上來，倒進紅布袋中。那時已打包好十餘包，而我正在倒裝的這包已經裝得差不多滿了，我就把它抬到那堆聚放處，再把紅布上下交叉掩覆蓋上，燈光照在那包骨骸上。我拿起香煙點燃，向它拜一拜再插在地上。突然間，我看到那紅布怎麼惶惶按捏向上跳了一、二下？我想大概是洞口的風灌進來吧，風將紅布吹揚起，所以會擺動，我沒去想到那邊去，但我想確定一下。我以燈光直照在那包骨骸上，俯身湊近向紅布吹氣，我用力吹了二、三下，紅布紋風不動，心想，既然這樣，那麼就不是風了。吹完，我正想爬起來的時候，忽然紅布向上跳了三下，瞬間我頭皮發麻，全身起雞皮疙瘩，趕緊抓起燈具，心想，『如果我一人忽然衝下去，大家一定笑我這麼膽小。』我整個人都暈了，我虛弱地叫：『阿賢！阿賢！吔那骨頭在跳動咧！』阿賢仔說：『我之前告訴你說骨頭在動，你就不愛信啊！』就在這段對話期間，我已經快速地走下去一半路了！我走到大家旁邊總算是呼出一口氣。後來，他們又撿滿一瓢骨骸，叫我拿上去倒時，我實在是驚魂未定、足驚吔！但我又不想讓大家訕笑，只好硬起頭皮，拿起燈火，然後將所有手電筒（含備用）都打亮，掛在各部位、角落，有的點掛二盞、三盞，讓整條路都明亮，包括放置骨骸處都有很多盞。我也心想，『我們在幫祂們料理，祂們應該不會加害我們吧?!這只是自己惶惶看到、驚駭而已，何況冤有頭、債有主，靈界應該是是非分明的吧?!』想著、想著，我發抖的手，解開紅布，倒進新撿來的一瓢骨骸，再顫巍巍地將紅布端打個活結，然後把整包捧起來，拿去跟那一大堆放在一起。雖然整個洞穴都讓我點亮了，我還是冷汗直流。我點起香煙，打火機還一度掉在地上。我以香煙向骨骸堆拜拜，跟祂說：『我很膽小，您們剛才那樣跳動會嚇死我，拜託不要再嚇我了，我現在連要跟你們拜拜都不大敢了！』……」

「後來，我們再進洞清理，都會帶著保力達、花生罐、餅乾或吃得飽的，當供品，拜拜好，當點心吃。每天要拜一拜，保庇我們平安，因爲人在危洞中，隨便一顆石頭掉下來、一袋土石崩塌下來，我們勢必死在裡面出不來！……」

的確！台灣民間從來傳說，冤死的鬼魂一向會找替死鬼，抓到一條冤魂才能釋放掉原本受困的冤魂。秋香一行挖金客自從遭遇骨骸後的挖掘工作，長達二個多月期間，這類傳說的心理壓力，恐怕也很沉重吧！

獎懲分明　救助人威力無窮

骨頭跳動毫無疑問是超自然異象，最初「發現人」也是阿賢仔！我並沒說是阿賢仔的思想波植入印銓的腦海而產生，但此事只由印銓一人所談出，我還是談些大家都公認的事，例如撿骨過程中的獎、懲事件，而且先讓如今心情最平靜、作息最規律的受刑人阿賢仔談起。

阿賢仔來信：

有一回，我們正在撿拾骨骸。有人說大塊的撿起來就好了，而出聲的人馬上出事（我點到為止，否則太傷人了！），他額頭重重撞擊到石壁，依常態那一撞力道猛烈，旁人都聽到鉅大的悶聲響。奇妙的是，我上前扶起了他，用手在他額頭撞擊處摸一摸說沒事！沒事！後來回到住處再看，真的了無痕跡。倘若在一般同樣的情形，恐怕很難善了！可以說，在那裡，我好像被賦予一些神奇的能量或力量！秋香嫂被一道前一晚還在發愁打不下來的大石塊，突然崩塌而掩埋。（註：前一晚我們用鐵鍬敲打，明明是一片堅硬且不小的岩塊，因爲這塊石頭太大，阻礙了我們的挖掘工作，印銓夫婦邊敲邊唸著：「先人啊！這下子我們可沒辦法了啊！」熟（孰）料第二晚就變成土砂了！）

我看著土牆瞬時崩落，心中轉念著不會有事吧！我腳下猛然一陣旋風冰冷襲過……

（二〇一五．一．二）

也就是說，在秋香上方的大石塊突然化作土砂牆崩落，毫無疑問秋香理當被覆埋。說時遲，那時快，當事人秋香的說法是：

「……他們幾個人都挖不動的石頭在我上方，我性急，一直往內挖，突然石頭就掉下來了！阿賢仔說有『一陣風』剎那劃過，印銓說有看到一個黑影閃過，而我不知，就一直滾，何董在我旁邊，他一把拉起了我，我自己沒什麼感覺。何董高大肥胖，何董、秀玉他們恰好下來觀看我們挖掘，有時他們在旁側睡覺……」

印銓補充：「以前那麼多人挖過了，都是石壁，而一直都挖掘不下的石塊，就這樣崩了下來，隨後兩晚，連續挖下去都是土！」

再看看林秀玉如何敘述：「祂們眞的很幫忙。我們在洞裡發生很多怪事！比如說山壁上有一塊凸出的大石頭，四個男人去敲挖都不動，那個太太（註：秋香）就講說：『先輩啊！您們要幫幫忙啊！讓我們儘快找到您們啊！我們已經挖很久了啊，不要讓我們一直在這個洞裡吧，我們趕快把您們送出洞，找個好地方來祭拜您們啊！』結果，那晚那個太太在下面挖碎骨，那個石頭就掉下來啦，那會壓死人的耶！我先生輕輕把她從後面拉起來。她身高差不多一五〇公分而已，就輕輕地拉了起來，她頭髮上、衣服、全身都是泥土！」

「她掉下去的同時被我先生拉起來的那瞬間，有一陣風撲打過去，往她先生上面吹出去！然後，那個身材壯碩，一八〇幾公分的男生在她前面繼續挖找骨骸，他連頭都沒轉過來看，完全不當一回事！我說：『阿賢仔，你怎麼一點都不緊張？』他竟然這樣講：『有這些先輩在，怎麼可能讓我們出事?!啊不然，我們就不要理祂們！』他眞的一點感覺也沒有。」

「我本來很怕鬼的，以前都不敢到第十三中隊這邊來的，我爲什麼會進到洞裡看，也下來幫忙呢？因爲有一個師姐啦，我不認識她啊，她跟我說我一定要進去啦！啊我莫名其妙地，那個玄天上帝的師姐啦！她說裡面有黃金啦！……」

我可以解讀，是阿賢仔的意念思想波讓這群人再度見證了靈異事件，而他自己事後也感受他似乎具有特定時空下的超能力，但我也該提醒他，這種能力有作用力，必然有反作用力，使用在正反向，都是「業」，正向可度人，反向則造惡業。

這批鬼靈救助祂們的挖金客不止於此。

印銓追述：「我到綠島之前，有次騎腳踏車載我孫子時撞傷腳，上了藥，卻長出腫的一團軟疱，很久、很久都沒好轉。有次，我下洞後，將手電筒放下，點了三根煙祭拜、插地，大家也都一齊抽根煙後才開始工作。那時，福順仔還在上面，不曉得在幹什麼，他移動了原有的土石包。他大叫了一聲：『砂包滾落下去囉！』那時大家都在換電池，只剩下我一盞手電筒放在地上亮著。喔——我聽見砂包滾落下來的瞬間，我朝下方跳下去。恰恰好，我著地處有根扳手（Bar Ru）劃過我腳部，我再一躍跳到下尾段去。同時間內，其他人的電池也換好了，他們的燈光照著我，我站起來才發現，剛才的擦撞恰好劃破腳上那個宿存的軟疱，膿都跑了出來，這時我想到手錶、香煙都掉落在撞擊處，我去找到再上來，很神奇地，我的腳就這樣好了！」

而阿賢仔來信的自述同件事：

另一次，印銓兄為躲避上方崩落下來的石包，往幾公尺深的下方黑窪跳，非但沒事，反而把他腿上多年宿存的膿包弄破，詭奇的是，力道剛好劃破該膿包，而讓膿水流出，治好了它，只是過程太嚇人了！……如果種種奇異都是巧合，未免也太多巧合撞在一起了！至少那些事之後，讓我明白一個受到真心祝福的生命是福氣的！人的念力無形，但其能量卻是不凡！所以謝謝您的祝福！（二〇一五·一·二）

有趣的是，秋香他們跨海而來自恃的是玄天上帝的加持；原本毫不知情的阿賢仔則在藏金洞內獲致超能力，或鬼靈灌頂。秋香家人是從靈異現象察覺靈助；阿賢仔卻是打從內心自覺而出，配合外界現象作對應。我想，前者是「他力主義」的虔信；後者是禪門「自力聖道」的覺悟。我相信阿賢仔邁入二〇一五年之後，殆已了然。

至於鬼魂處罰挖金人的情節較細小，透過秋香口中稍微不雅地道出：「那個〇〇兄足趣味吔喔！他看我們挖不到黃金，卻挖出一大堆骨骸就說：『青菜撿一下就好了！』結果呢？先輩馬上處罰他，讓他一直咳嗽咳不停，痰吐得滿地都是還是一直咳！而男生方便都就地，我一個女人不方便在洞內方便，何況先輩骨骸在那邊，我也不敢隨便出洞，因為擔心被警察發現，我都一直忍、一直憋，憋到很痛了，才不得已出洞解決。但是〇〇也很沒膽量，連大便都在洞內。先輩大概很討厭他，就罰他一直咳不好。」

「後來我跟阿賢仔向先輩跪請原諒他，他才好起來。好好笑喔！如果他也幫忙挖撿骨骸的時候，人都好好的；他偷懶的時候就不停地咳！」

印銓加了句：「○○挖不到金就在旁開罵：『要不然回去啦，不要挖了！不要挖了！』然後他一直咳嗽。他下挖，咳嗽就停止！」

似乎即令存有再大的靈異，對某些人而言，一樣視若無睹。然而，沒有這個人，骨骸也無法出土，二百餘年冤魂也不得解脫。沒有「壞人」的戲劇淡而無味；沒有魔鬼的上帝委實太無聊、太平凡。有英雄還是得加上丑角、配角，特別是人世間永遠會有一大堆平庸的邪惡，用來整整自認爲是好人，自認爲在做慈悲、慈善的「自好人」！

而阿賢仔恰好不幸地自認爲是

牛頭山日出。（2014.9.5）

十惡不赦的壞蛋，只如今他已經可以獨享思考是種孤獨且美好的行業啊！

無形與隱形

整部綠島金夢之所以能完滿進行，其實是從天際垂下了一襲隱形的大衣，沒有這套隱形大法，很可能功敗垂成。秋香等人津津樂道的靈異，便是他們在綠島如入無人之境，畢竟他們頭一次挖金，三天就破功，二度前來，沒有靈隱無論如何是不可行，而遭二個通緝的阿賢仔更怕見光死。

阿賢仔說：

在綠島，只有文建會讓我擔心！有二天時間，秋香他們都回台灣去，只剩我與順兄。那二天我怕他會害怕，就白天下洞，在一個深凹進岩壁的小洞穴挖撿，裡面都是細小的骨骸，我猜全都是孩童，挖出的頭蓋骨薄如紙張。那裡的地形很差，我必須趴在地上，且頭要鑽進地面下的洞穴才看得見如何下手。由於看到那麼多的小屍骨被硬塞擠進去，我心生惻隱，處理得分外小心、仔細。就在那裡，也是我感覺最深刻，也最真實的地方！

不知是何緣故，是不是擠壓幾百年的痛楚，解放開來也是撕裂的痛，或是怎麼的不適，祂們推開我幾次！如果祂們能出聲，肯定是焦急地呼喊著我快離開！我心生如此感覺，於是，當祂們三次推我的時候，我立即叫順兄：「我們回去。」

第二天白天，我挖掘不久又出現同樣的情況，但我沒有馬上回去，因為我怕自己會錯意。我繼續趴在地上撿。就在我將細小骨骸裝滿水瓢起身時，我聽見這輩子令我最不舒服的人聲：「咦！好像沒人呢！」「可能今天沒來吧？」第三個聲音：「走啦！走啦！嘸人啦，緊來走啦！」

我明明在這裡，而且近在呎（咫）尺，祂們竟然「看」不見我們？我們的頭燈亮著啊！難道無形把我變成無形或隱形了?!而順兄在旁側打呼說夢話。事後我也忘了問他感受了什麼狀況，我實在不喜歡跟他多談話！

而我聽到的三位孩童或年輕人的對話，似乎祂們明知道我一直在那裡，故意在暗示我，其實祂們一直在保護著我們，包括讓我們隱形，讓綠島人看不到我們吧?!難怪我每次離開洞穴時，擺在小徑上的石頭，隔天再來時，常發現已易位！啊！是無形從來護衛著我們，而不是我們小心謹慎得宜！

（二〇一五．一．二）

阿賢仔從惻隱之心，到謙卑內省的如今，其實已經更上層樓矣！這也是我近年來不斷在強調的，台灣人無功用行的觀音法理的應現啊！

而秋香強調：「我們在那邊二、三個月，先輩竟然能夠安排到沒人看得見我們！否則，綠島人傳言、說三道四飛快，一有風吹草動，人盡皆知啊！而這麼漫長時程我們都沒被發現。我們常坐在涼亭聊天，那時涼亭還沒移到現在的地方，而且，我們都把衣服晾曬在歐陽媽媽的倉庫房，她卻沒看過我們這群人！……」

秀玉則證詞：「秋香她們在洞裡挖了二個多月，發生很多事情，而我們都不知道如何處理這麼多骨骸，也不敢讓地方上的人知情。那個太太秋香，每次一進洞，就跟先輩嗆聲：『如果您們想要出土，想要藉我們之手脫離此地，請您們讓其他的人看不到我們，知道我們的人，嘴巴也不會傳出去！』而眞的耶，我們就像隱形人一般。我們那部休旅車每天晚上來回接運他們，沒有一個人發現我們在幹什麼！但是有人傳言說我們那部車在偷抓山羊。後來，工作結束後，有去跟那些說我們沒在偷山羊，這部車上面有『統祥飯店』的字樣，但他們在傳言的同時，竟然沒有看見是統祥的車！……」

毫無疑問，二個多月的挖金、撿骨活動都是地下化，而之所以需要、必要隱形的原因都跟「黃金」有關。主、客觀都有必要，從來「無政府」的鬼魂更不需要官方的介入。然而，除了現實界、現象界的隱形之外，台灣傳統禪門文化「無功用行」才是其底蘊。

阿賢仔在一切完滿完結之後的感嘆：

……那張羅列捐款的紅紙只象徵性地貼上，旋撕下火化！我頗有些感嘆，做好事、怕人知！事後我回憶，除了第一次被文建會保全員看見我們之外，之後一概都未受到騷擾……

（二〇一五．一．二）

跨界現形　官能幻術？

雖然鬼魂們全力守護祂們的移靈者，令其隱身有術、克竟全功，但或許為了取信於受託負人，鬼魂也多次現形或現身，而突破禁忌，照理說，這一定存有特殊的緣由，且很可能係經由坐守慈航宮的觀音佛祖的協助，而透過世間人而兌現。然而，我所訪談的人，殆只表示了靈異現象，而未能窺進任何奧蘊，這是我整個訪談的美中不足。即令如此，對世間人或許也已足夠，無庸再生枝節?!

最早讓挖金人感官察覺的，首推二百餘年後的屍骨異味，和著七萬八千四百多個朝夕晨昏，海潮漲退及風雨大氣的蝕解之後，首度刺激阿賢仔的鼻腔，更蛻變為檀香妙味。後來，也沾黏上秋香的永久記憶，不斷應現到如今。

二〇一四年十一月十六日我在水里訪談秋香時，她說：「哇！不知道為什麼，先輩（骨骸）有一陣子不讓我觸碰。阿賢仔全心全力撿著，我想我不要浪費時間，人家林秀玉讓我們吃住，又每晚載我們來回，我該早日完成。我挨近想幫忙撿骨，但我一靠近，頭燈就熄滅了，意即不讓我碰觸，而我一靠近，就讓我聞到那種味道……」

依台灣民間慣例，我立即想到的，大概那幾天是秋香月事來潮吧？可是，不對啊，二○○八年秋香已四十八歲，還有月事嗎？但我沒追問，只問：「什麼味道？」

「有啊！先輩這一、二天又到家裡來了，味道又出現了，可能是你要來了……」

我再度問：「什麼樣的味道？」

秋香及印銓異口同聲說：「就像灰塵的味道，稍微香香、降降！」秋香繼續：「如果祂們來了很多人，那味道就較濃，我喉嚨也會癢癢的而咳嗽。在綠島就聞到，發現骨骸後第二天早上起來坐著時我就聞到，但除了印銓跟我之外，其他人就沒聞到……」「像昨夜，我因之前三天閒不住，硬要工作到我的手疼痛難受，痛到睡不著，必須吃愛睏藥仔，否則沒睡好，頭就疼痛不已。昨夜又睡不著，怕吵到先生，我就下來看電視，不一會兒，我就聞到先輩整群都來了！我若想到要去拜先輩，我得大費周章備祭品，我做很多粿，赤殼仔粿、紅龜粿、菜頭粿……我做很多，因為先輩是那麼大的一群人……」

「前幾天我難過地躺在床上，我向先輩說話，因為我聞到祂們的味道，我說拜託您們行行好，我全身疼痛難受，比死還難過，要嘛讓我死，要嘛讓我好起來！第二天，疼痛就降低很多！有次我回到綠島，在統祥的餐廳也一樣聞到先輩來了一大群，我們住的房間，先輩也都守護在那裡，林秀玉問我先輩來了沒?!我說本來沒有，一會兒又來了一大群！林秀玉說：『喔——奇怪，爲什麼先輩對你們那麼好?!』呀！唷！林秀玉會吃醋吔！……」

關於味道，劉志良作見證：「我們在挖骨骸時，大人、小孩遺骨都很多，我岳父母交代我從台灣買紅布過去包盛。挖出骨骸時，那種味道無法形容，因爲屍骨是埋在海砂層中，不比一般土壤。所謂味道，就是先輩骨骸出土時的氣味，一般人無法體會……」「少年鐵齒，我不信綠島的味道可以飄洋過海來到家裡。有次，我媽說，你看，先輩又來了！喔——那種味道，一陣，飄進茨內，我終於相信！……」而秋香又加了句：「就只有我們家人聞得到，害得林秀玉忌妒，先輩爲何對我們特別好！」

秋香另舉她女兒多次抱怨母親房內有怪異味道，認爲有死老鼠而翻箱倒櫃。

除了怪味道之外，直接現形給人「看」到的案例頻傳。

阿賢仔第一封來信敘述：

> 直接現形，不只我一個人看到，何董的小女兒「琪寶」有次也下洞，她看到的是一群人，情形如何，您可自己問她，我講不完！其實在那裡的事，幾乎都是不尋常的組成……
>
> （二〇一四・十二・十二）

而林秀玉「看見」那批鬼魂也是在山洞中，她口述：「有天晚上，我跟我先生也下洞看他們挖骨骸。差不多九點多，我覺得好想睡覺，我先生幫我舖上布袋在地上，那時我穿著有帽子的衣服，我怕上面的石頭會掉下來打到臉，所以我才剛躺下去，將衣帽蓋在臉上，我就看到很多人在我周圍，還有我先生他們在下面挖，他在旁邊。一群人，有的只有一個頭掛在半空中，有的只有手，有的有全身，可是祂們並沒有讓我害怕，最主要是我進洞時就跟祂們說，『我來這邊是來幫您們的，您們不要嚇我！』我有跟祂們嗆聲，所以那天晚上我沒被嚇到，但是看到那些人，讓我難過得沒辦法呼吸！太多人了，我說奇怪，爲什麼會這樣子，我就起來，把帽子打開，就沒有什麼啊！啊我不相信，再試一次，只要我把帽子往臉上蓋起來，我又看見了。然後我再試一次，我相同動作再做一次，一躺下去，一樣，那些人都在，我先生一樣跟他們在下面挖、看！……」

水里訪談時，秋香說：「林秀玉進洞躺著時說她好想哭，說她一再看到沒手、沒腳的……」印銓加註說：「在土層壁中的骨骸，有的是頭蓋骨露出來，有的是手骨、腿骨、肋骨，不一而足……」

也就是說，林秀玉只要遮住眼臉，洞中實景就會轉化爲3D立體影像，包括今人、古人，一併在她腦海成像！

林秀玉敘述挖掘骨骸：「我們很仔細地清出骨骸，就像考古學家幫祂們弄出來。儘量不去弄掉、弄破頭骨、大骨、髖骨……祂們隨身的小瑪瑙、手鐲……我們都很小心撿起來……」

林秀玉頭上掛著一串撿自山洞中，骨骸堆中的瑪瑙珠，再加上其他瑪瑙合併一起，而且，自從她戴上這串古遺物之後，羸弱的身軀日益好轉。她說：「有次我在機場，有個我不認識的男人靠過來說：『妳的身邊跟著好多人喔！』我嚇了一跳。當時我沒想到帶著這串瑪瑙，祂們就隨時跟在我旁邊，確實是這樣啊！我曾經開過刀，因爲脊椎第三、四節骨頭受傷，也放著鋼板。如果祂們沒跟在我旁邊，我可能早就死掉了吧！」

兩位太太都反覆說明鬼魂如何在身旁照顧她們的身體，感激之情溢於言表，而鬼魂都是因著遺物在身上而應現。林秀玉也敘述骨骸進萬善祠之後，有個冬天，她單獨去墳區祭拜時（每農曆初二、十六都去祭拜，都不再害怕），時刻約在下午四時，突然很想睡覺，就

綠島被屠殺的「先輩」遺物琉璃手環，筆者量過二個，大者內徑七點一公分、外徑九點四公分；小者內徑五點八公分、外徑七點八公分。（2014.11.10）

趴在供桌上睡得很熟，突然被人在後腦勺打了一下，「我嚇醒了，一看天已經黑了，內心慌張地跟祂們說您們不要嚇我呢！就趕快把金紙火化。說也奇怪，眞很靈異，我身體本來就很不好，以前我們綠島人都知道我好像快死掉一樣。自從那次以後，我的身體日漸好轉，以往的病痛，可以說都全部好了！……」

而無形化爲有形的現象還有許多，而且似乎是活動的。我寫信問阿賢仔，整個過程有無拍照，有無留下一些證物？他的來信：

林秀玉戴在胸口的「先輩」遺物瑪瑙珠。（2014.11.9）

當時因我人微言輕，不能多留下些東西，如今想想也覺扼腕。至於您信上提及照片，是有拍了一些照片，但意義不大，黑暗中拍下只有我們才看得懂的骨骸分佈情形，為的是預防文建會等官員找麻煩時用的。後來認為沒事了，就沒有刻意保存。唯有一張我要下去時，在洞口拍的相片是靈異的。那張相片上有一個骷髏頭剛好顯影在我的頭頂上方，秋香嫂子曾指著相片問我那是什麼東西？我隨口答說是帽子。照片上的影像是我與無形的會身，我要下去，祂要上來，祂的頭顱五官朝上仰，我一看即知是什麼，怕秋香嫂害怕，故說是帽子。這事倘若您沒問，我都遺忘了。後來我再看相片，骷髏頭不見了！下次您問我秋香嫂，看她是否尚有記憶，順便告訴她是怎麼一回事。事實上，我很早就知道，在我稀鬆平常的靈遇，對別人可就有點那個了……

（二〇一五．一．七）

讀者們，在我訪談這群挖金客的過程中，他們並沒有表現出試圖要讓我相信他們的見證，他們但只如實敘述。還有許多大同小異的顯靈事件，考量篇幅，就不再贅述。

然而，有件重大靈驗的事件，幾乎代表受困二百餘年的鬼魂，含冤而修成「正果」的現象，足以列位「正神」的奇蹟，不得不予交代。

恐嚇成功　神通起死回生

這件超級神異事，發生在烏石腳山洞的骨骸已經清理完畢，且暫時移靈在統祥飯店，等候「萬善祠」完工奉厝之際，本該依序置後，爲表靈異傳奇集中敘述，在此先行記載。

秋香全家人爲先輩即將奉祭萬善祠（二○○九年二月二十一日，農曆一月二十七日），回台灣水里，張羅祭祀大典所需的物品完備後，二○○九年二月十五日再度返抵綠島，而晴天霹靂旋即發生。

二月十六日凌晨三點多，兒子謝展耀自台灣急電秋香，告知二女兒謝怡萍在台中市三民路車禍命危；她爲朋友慶生而過度興奮，快速機車自撞，渾身是傷，腳斷，且頭殼破裂、內出血，經人急送台中醫院。

聞訊崩潰的母親，竟然第一時間去電阿鳳師姐，不料師姐一句：「那無效了！」更是重擊秋香。秋香回溯：「我哭得歇斯底里，啊我再急電何董，他一回到統祥，就去恐嚇先輩！他拜說：『先輩啊！秋香一家人爲您們盡心盡力，妥善打理您們的靈骨，無論如何，您們必須要照顧她女兒安好！』」印銓則說：「何董去拜拜，向先輩嗆聲說，秋香夫妻這麼有心，女兒謝怡萍今人在台中病院，您們趕快過去！您們若沒有將她救回來，相信他們夫妻再也不會來拜您們了！謝怡萍如果有三長兩短，我就把您們這些骨骸通通丟棄海裡算了！」秋香再拜請：「緊！緊！您們趕快過去台中中國醫藥學院，是謝─怡─萍喔！她足嚴重吔！您們趕緊過去喔！嗚──」

「我從綠島哭到台中！我在開車，眼淚一直擦不停，我會哭死喔，但在車上我就聞到先輩的味道，先輩緊跟在我周圍！」

「這之前，怡萍送醫時，警察循著她上班的日本料理店查詢後，三部警車找到我水里的住家，還不知道是哪一家，我大女兒怡娟應門。她說警察告知已經嚴重到不行了！」

「我們一到醫院，怡娟在哭，印銓安慰她沒事誌啦！……」

印銓說：「當天晚上十點多開刀，之後，我問主治醫師狀況，他說可能不太好！但若可拖得過十天危險期，看看有沒希望，但請不要抱太大的希望！結果呢？開刀房出來，第二天就會掉眼淚，有知覺了！」

秋香指正：「不！她開刀那夜，我們回來。醫生說腦破了，會一直昏迷，但怡萍一『看到』我，就一直在掉淚了！她理了光頭……第二天，管就拔掉了，她恢復正常知覺了；她跟我說：『阿舅（已歿！）有來看我，還有隔壁的阿伯也來看我（早已往生，他很疼愛小時候的怡萍）。』第三天，怡萍就由加護病房轉到普通病房了，她還問我那是什麼味道啊？很難聞！把門關上啊！啊我不敢講！……」「當天，我們又趕回綠島了！……」

如此看來，神鬼交鋒，想必有過一番鬥法，顯然二百餘年困守靈島洞穴的修持佔了上風，或是靠藉「人」多勢眾，逼退了牛頭馬面、七爺八爺！總之，被師姐宣佈沒救、被醫師看衰的二女兒，奇蹟且快速地復原是事實！「她不但好起來了，還考上文藻咧！……」無論如何，恐嚇奏效，那批鬼魂不知費了何等代價，甘冒禁忌，突破天界禁令，或許觀音佛祖再度垂憐也未可知！可惜我功力不足，無法窺進這齣精彩大戲！

第五章 修成正果 列位神班

7-4集節錄

任何人隨時隨地處在陰陽分界、善惡刀鋒；神鬼本一，念轉則天壞判別、走向殊途，而無分別處即是觀音。因此，觀音信仰即在復返來去原點的止息瞬間，亦即自性本自清淨，無可依止。怎奈常人不斷穿梭兩極偏見，無法端坐分水大嶺，遍照各界。神、鬼、人、天龍八部皆然！

此間機制是謂「緣」，而緣需要觸媒，如同化學反應的催化劑，神職人員就是變動性的觸媒，且不在袈裟、道袍或聖衣，而在靈覺。阿賢仔就是觸發禁錮瓦解的靈覺人物。他歷盡善惡、神鬼交戰，他身負三世兩重因果諸緣；他遊走剃刀邊緣，終在綠島度鬼自度。然而，世間人執著於象形，他還是以隱性文化的模式，應現於無形，反之，一般人只能依他力主義的模式，安頓具象。因此，阿賢仔只能逕自承擔，無人可以代替，也無人瞭解整部《綠島金夢》當中，他的證悟、大承擔！因此，移靈需要大典，神祠需要科儀。

隨著石洞骨骸漸次清出，秋香他們每夜討論的重點移轉到現實。現實呢？常人只會想到錢、錢、錢！這也是事實。最有趣的是，從懷抱著二〇億大夢到如今，家當賣盡，連休旅車也向高利貸當借三〇萬的秋香、印銓，一心一意只想「做善事」，幫先輩起間公祠，安享人間煙火！

此間的轉化，就是我多年來不斷在闡釋的「觀音法理」或「應現的理論」。就台灣

萬善祠放置「先輩」遺骸的密室。（2014.11.10）

常民、草根而言，《法華經》第二十五品的〈觀世音普門品〉最能打動人心，因爲該品前面強調，只要你不斷呼喚觀世音菩薩，你就能從任何困頓、煩惱中脫離；接著解釋觀世音本來是在西方極樂世界，爲什麼祂要跑到人世間這個五濁惡世的娑婆（堪忍）世界來「聞聲救苦」？事實上，觀音是「不來而來」，祂並沒有來不來的問題，因爲任何觀得進本然心音，覺悟自己原本就如如不動的自性（毫不沾黏任何妄相的靈魂），你就是觀音啊！觀音不過是個「假名」而已！

然而一般人很難悟解，所以

佛陀就講出了「觀音法理」：「若有國土眾生，應以佛身得度者，觀世音菩薩即現佛身而爲說法……」一直講了三十二種「應化身」，事實上並非只有三十二類，祂只是舉例，實際上這是一個公式，也就是：「如果有A生靈，適合用B來引導覺悟，觀音就變成B來開導A。」其實觀音可以是A本身，但A必須悟性很高（自力聖道），一般人還是適合用個假名觀音去虔信而引導（他力主義）！

我將之通則化，又可兼顧自力與他力的說法：「一個人只要恰好有適當的因緣，不管處於何等狀況下，自己內在的心音就可以糾正自己的妄念，返回單純的本然，不再自尋煩惱。當他專注於特定信仰（例如觀音）時，更容易或加速覺悟。」然而，一般人常只停留在外在信仰的特定對象之上。

秋香、秀玉等人，因爲尋金，此時的觀音就變成他們心中的金。等到挖出骨時，觀音又蛻變成骨骸的靈，應現爲他們所看見的靈異現象，於是激發出他們內心的專注與虔敬，扭轉原本對黃金的非分之求的煩惱，死心塌地信賴，也發出他們未曾察覺的能量，改變了自己以及相關的人、事、時、地、物。但他們終究尚未覺悟，而停滯於尋常生活中，但至少，已清除掉過往一大堆業障矣！

當然他們從未曾省察、透視此等形而上的過程。所以讓我們回到現象界的故事。

靈之媒

歷來我所訪談過的宗教、神鬼事、乩童或靈異事件，鬼、神一概同人一個樣，與時俱變。而《綠島金夢》故事中，始終代表玄天上帝正神的靈媒「阿鳳師姐」，迄今我尚未訪談過。依據秋香、印銓、阿賢仔、林秀玉等人對她的敘述，一直是尊敬有加，即令她的預測，槓龜的比例似乎偏高。她也許有套折服眾人的特殊能力我不清楚，但整個故事整理下來，她似乎只在關鍵時刻或大原則部分穩定軍心，至少，我相信她擔任了正面的力量，而且，她並不貪財，很多事工但義務服務。

當初發現骨骸的第一天，秋香問阿鳳，阿鳳回答有一具，結果是數十百來具。當愈挖愈多時，秋香再電抱怨說：「不是說只一個嗎？怎麼一大堆？」阿鳳的回答是：「妳不要那麼說，妳愈說就會愈來愈多！」也就是說，阿鳳相信一個人的心念會促成現象界的「成眞」，某種程度我也同意阿鳳的思維，而不必以邏輯、客觀事物或數量的眞假去責難。因爲，重點在信徒，而不在靈媒或神職人員。

當秋香擔憂沒錢可以安頓骨骸時，阿鳳則安慰她：「先輩自然會解決。」阿賢仔二○一五年一月二日的信也證實之：

師姐叫我們別多想，公婆自己會安排！後來真的沒讓我們多費心！

秀玉受訪時則說先輩託夢給她不必擔心錢事：「綠島國中校長陳復龍跟我很好，以前常在每天晚上六點半過來統祥聊天，有時也一齊吃飯，但挖骨骸那一陣子都看到我們把鐵門拉下來，他就懷疑我們在幹什麼。然後，就有一天，他故意在外面等我們，看見我們穿得髒兮兮的要出門。沒有辦法啦，只好告訴他。我也說我們正要爲先輩蓋祠的問題，我們已說好，每份要出三萬元，但秋香他們那些人根本沒有錢，他們連生活費都有問題，例如他們要回一趟台灣，我們會拿個五千、一萬給他們，因爲他們身上都沒錢，連油錢都沒有啊！要他們再出三萬塊，不是很容易的事啊！結果校長聽完，就說他捐三萬塊，緊接著……還有一個結拜哥哥……一些人陸陸續續三萬、二萬、幾千，總共就匯集了三十八萬元，做萬善祠花了二十六萬，加上祭拜的錢，還剩八萬塊！」

其中，最好玩的是地理師鄧耀堂（阿堂師，住草屯，一九四四年生），本來印銓、秋香要找阿堂師來擇風水，秀玉就擔心不知道需要花多少錢，所有人都沒想到阿堂師一進到山洞燃香後，立即說出他要捐六萬，讓何董當場快要哭出來！而秋香他們如何牽扯上阿堂師？阿堂師又是何等人物？

二〇一四年十一月十日我從綠島調查、口訪得知挖金故事回台以後，旋電繫阿堂師的兒子鄧旗松（一九七五年生）及李秋香，因爲我從林秀玉何富祥口口聲聲的「阿堂師」，充滿敬意，而且他們似乎一貫是台灣草根默默行善的另類典範吧?!值得我口訪與學習。然而，鄧旗松受電訪時甚客氣，表明一切只是做人該盡的原則而已，他們父子承接地理、風水的軟、硬體工程工作。因此，我在十一月十六日至水里時，間接探問秋香與印銓關於阿堂師。

印銓表述：「起先是我有個朋友的父親病篤，住在沙鹿那家病院，醫生向其家人宣佈準備料理後事。朋友間接認識阿堂師，去向他求了一道符咒，於是，燃燒該道符咒，讓灰燼掉落清水杯，攜進加護病房，偷偷地用棉花棒，沾符水沾抹在患者的嘴唇上。不可思議地，病危的人就好轉、出院，又多活了好幾年！我想阿堂師這麼厲害，有事可以找他。」

「後來我們各地祖先骨骸匯聚，在頭社蓋塔置放，我們就去找阿堂師幫我們處理，前後只是請他堪輿、修改亭台而已……」

雖然只是一次的僱請經驗，但口碑傳言在印銓、秋香的腦海，烙下深刻的印象，以致於他們在綠島的骨骸清理告一大段落之後，如何處理後續建祠、堪輿等，他們馬上想到阿堂師。

「我打電話給阿堂師，『我，秋香啦！我來綠島，人家找我來做工啦，啊碰到一批骨骸啦，要請您幫忙該如何處理啦！』他答：『我太忙了，沒辦法！』後來說，『要不然下星期五好了，我綠島從沒去過。』我說，『感恩啦！多謝啦！』無疑悟隔一陣子他就來電：『秋香啊！我不可以等到下星期五，我要趕快過去喔！』星期二就來綠島了。我想可能是先輩去找他了，否則怎會臨時起意呢?!」

「我兒子去草屯載他，我們沒錢，油錢是阿堂師出的。到台東、富岡搭船，那天晚上，他跟我們下到洞中，他年紀大，但身手俐落。他點燃三十六支香舉起，然後說他要捐六萬元！何董說他差點哭出來，那時我們才湊了十八萬，大家都爲錢傷腦筋！……」

阿堂師在綠島不僅展現長者寬厚的胸襟、氣度及慈悲，他也非常謙虛，而此線緣牽，當然是秋香、印銓的緣故。他的行徑，由當事者口中娓娓道來者另如：

林秀玉與何董說：「……那個老頭子因爲他也很老了，七○幾歲整個頭髮都白了，但是身體還是很勇健。我看到他有這樣的心，我很感動啊！要不然我們那時候生意很不好，剛好冬天更沒生意，我們在想到底該怎麼辦，還從南投請地理師來，也不知道要跟我們開價幾萬？所以在洞中，不但沒有收我們的錢，還嗆要捐六萬……出洞後，車要開走時，我跟他說：『阿堂師，我實在很感恩你啦，因爲我們這些人都沒半毛錢你也知道，已經都不知道如何處理這些了，你不收錢沒打緊，還……我們都要流淚了……』阿堂師坐在我旁邊，我開這部福斯的車，挖金的五、六個坐後面……阿堂師說：『你不用跟我說道謝，反而是我該跟你說多謝啦！』我一聽就糊塗了，這是什麼道理？我說：『怎麼了？』阿堂師才解釋：『因爲你們這些人，不知道第幾個前世跟這批亡魂有很大的因緣，要不然爲什麼別人無法幫祂們做，只留給你們這些人去解開來?!要知道一般人行善，像是給乞丐錢啦、鋪橋造路啦、幫助人啦，勉強叫做功德的事情，隨便人隨時隨地都可做，可是呢？何董啊！你們這些人做的是什麼你們知道嗎？你們做的就是陰德，這絕非隨便人都可以得到的！陰德不是任何人都可以做的啦！我阿堂師只是沾你們的福氣而已，所以我反而要謝謝你們！……』」

託「先輩」庇佑，何富祥董事長於二〇一四年底當選鄉民代表，而且榮登代表會主席；姚麗吉校長讚嘆「先輩」法力無邊，何富祥不但當選，而且是清清白白當選的！（2014.11.9）

「阿堂師繼續說：『通常我幫人做法事、堪地理，偶而在墳地看見金斗甕破裂的，骨骸外露的，我會幫它撿起來進廟塔，算是隨順給亡者好的歸宿，這輩子光是偶而爲之的善舉，福氣就消受不完了，何況你們一下子濟助了一百多人！』」

「他說：『這百多人若是要幫助你喔，隨便揮一下就有了！』阿堂師還說，『這種陰界的，跟正神是不同的，你們難道不會怕嗎？』我們說：『如果會怕，就不會一塊、一塊在那邊撿了啊！』……阿堂師幫我們看日子、堪風水……」

林秀玉與何董道出了傳統台灣的美德「積陰德」，這是草根很具象的詮釋。而秋香總是強調她的口頭禪：「阿堂師說我們實在有夠好！我說先輩才有夠好，阮阿銓說千千萬萬人，只讓我們發現，我說不！先前挖金的人早就已經發現了，只不過他們不願將它們撿起來而已！」

秋香另加描述：「阿堂師進洞後，看供祭的香煙迅速燃燒，說了句：『喔！你們是幾百年沒吃煙了！』他點了三十六柱香然後說要捐六萬。事實上後來阿堂師另又加捐了祭祠、加蓋涼亭等不少錢。阿堂師看看洞中環境，不停讚嘆我們很幸運，因爲只要一袋土石掉落下來，不曉得要死傷幾條命。他也說：『你們有夠厲害耶！我做地理數十年，也沒看過一次撿出這麼多的先人遺骸啊！』……」

阿堂師也幫統祥飯店看地理，修改飯店大廳的電燈佈置，另將涼亭、水池移成現今的位置，後來生意眞的有如神助，大大逆轉勝！

我訪談綠島金夢的過程，一再感受台灣草根民風及信仰的點點滴滴。一夥人從挖金大夢，變成極力做善事、積陰德，還有自動送上門的地理師。明明是起心動念的大回轉，卻又在現象界增添五彩繽紛的連續劇。

阿堂師進洞的舉動，以及後來的風範，阿賢仔的描述既整體又精準：

> 那一晚，他和我們下去。一到洞裡看到香煙燃燒的情形，他大喊了一聲：「哇！恁是幾百年嘸喫到煙啊！我捐六萬給恁起厝！」於是萬善祠有了著落了！因為綠島的各種建材都很貴，花了不少錢！入火那天，萬善祠的牆上紅紙，羅列了一串長長的，不知哪來的人名和捐款！拜拜完成後，大家就地熱鬧地吃了豐盛的食物。來的人數超乎我想像，哪來這麼多人啊?!真的都是「人」嗎？這我不確定，我只是糊塗了！阿堂師父子前後多次往返草屯及綠島，最後連一張紅紙也不肯收。萬善祠那座香爐是原石打造的，阿堂師的兒子割愛的。他們一家三代後來也加入了！試想靠風水地理溫飽一家三代的地理師怎麼願意付出這麼多呢?!是不是感覺到了什麼?!後來我知道……（註：有些阿賢仔很冷靜的話，因爲無關宏旨，我將之省略了）不管如何，父慈、子孝、夫妻和諧，是我對他們的羨語！……

（二〇一五・一・二）

然而，這些事例只是後來的圓滿落幕，我們的故事還有精彩的環節，也就是骨骸全數出土後，以及出洞的喬遷大戲。

場域神功護洞

最初，我在二〇一四年十一月九日夜間訪談林秀玉時，並未察覺她的這段說詞有何特別涵義：

「你知道那個山洞裡面可以看到天空喔！那些石頭並不完全密閉的，還留有縫隙及洞口的。我們這邊冬天常會下雨的嘛，但是我們整整挖了二個多月期間，也有下過幾次雨，可是我們在洞裡一滴雨水都沒有！」

何富祥也說：「當時我們在裡面挖了二個多月，那時是冬天，外面在刮風下雨，我們在洞中卻是乾乾的，所以我們才能清理這些骨骸，我太太也才能夠在洞中躺著休息。當草屯的地理師把先輩請出來以後，第二天要進洞取回工具時，也是雨天，洞裡面已經進水，人在洞中必須涉水，原本乾乾的石壁都在滴水。外面下雨，裡面滴水。」

我說：「喔！跟電影尋寶過程一樣，一旦寶物入手，藏寶洞就破解，所以就漏水了?!」

何董頻頻點頭：「對！你說奧妙不奧妙?!這洞就是祂們的家，祂們會保護且不時修護祂們的家。當我們將祂們請出後，無形保護罩就瓦解了！如果原先洞中就會漏水的話，這些骨骸在二、三百年來早就化爲泥土了！……」

這段情節我還是引述表述最完整的，阿賢仔的信：

……綠島行，豐富了我的思想。兩個截然不同的「世界」，不能像我們現在這般對話。但我可以確信的是，真的是有「靈」的存在。我不是迷信於任何宗教的人，尤其是經由人們搞出來的更不該信！然而，只是幾百年前的亡靈怎會一直困守在那兒呢？人走了，不該是往生天堂或西方極樂世界，或墜入地獄，或輪迴他去嗎?!為何祂們會困在洞中數百年？那一天，阿堂師和他兒子阿松到綠島後，前往烏石腳進入洞裡，他只點了三柱香拜了拜，就說走囉！也沒什麼特別儀式，我和印銓兄將紅布袋二十一包，一包包往上送，外頭的人背到車上。事後我才知道大都是秋香嫂背下去的。那段上下坡，乃至走到停車的路程（註：平地路長約二〇〇公尺），若讓我急走一趟，恐怕得氣喘久久了！可她說：「也忘了是怎麼跑完成的了！緊張甲麥死，還得派個人監視有無他人靠近！我把最後的一包送上去後，又跑到下面喊聲：都要跟著我走喔！」

一路到飯店……

就在這天，鄉長的主秘前來統祥作「了解」，先和何董竊竊私語後才到我們的房間，所謂竊竊私語是說擔心何董被詐騙，他懷疑我們不知從哪裡盜挖了那些骨骸哩！後來，該主秘競選鄉長，當然落選，出了我一口鳥氣！下次再談，您若忙，不用每次都回信，我下次就說完了……

（二〇一五．一．二，末段）

教授您好：

上次提到公婆遺骸暫奉統祥飯店那天，公所主秘前來了解，並拿走一只在我而言，最有意義的琉璃手環，他說要拿去化驗，後來沒啥下文，手環也未歸還！

第二天我們又開始了愚公的工作，本來即已挖得一塌糊塗的山洞，那些砂石又搬來移去不知多少回合，然而，那天之後工作的目的，竟然又回到他們原本的，讓我發笑的黃金夢，因此，我做得很不起勁，尤其那時，指揮者換成福順兄，因為他是已故人犯（註：A司機）的同鄉，他們的交情如何，我不清楚，我就將他想成就是該犯人臨終時囑託的人吧！否則怎會如此crazy呢?!若非發現公婆的骨骸，否則我早就離開了！要瘋，就讓他們逕自去瘋個夠！

說也奇怪，之前在洞內從沒滴下半滴水的，但在那一天下洞後，竟然變成泥濘地！少了公婆的靈在那裡，氣氛迥然大變！尤其順兄也不停地強調在那裡、就在那兒的下面，等等，最讓我有氣！他不知根據什麼而判斷，在多處岩壁上噴上鐵樂士做記號，要我鑽與挖。如果是指定未曾有人挖掘處，或許尚有瞎貓遇見死老鼠的運氣，可是他老往不可能的岩層找，遇到了大岩塊也說就在下面，要我直直挖下去！我說幾百年前可沒有打洞機、起重機，可以將金塊埋下去，又搬上不知幾噸重的鉅岩塊壓住、堵住吧！

回飯店休息時，順兄再度爆出令我啼笑皆非的傻話。他偷偷地告訴我，等我找到東西後，叫我惦惦拿二塊就離開！本來說好只在五十二塊當中預備給我一塊，那天以為我生氣了，就偷加一塊三十五公斤的金磚給我。哈！不錯吧！這回，我真的氣到不想再說話！沒幾天之後，我就揹著那兩大塊虛空回故鄉過年了！

農曆年期間萬善祠已經蓋好了。整地是憲隆大哥開怪手做功德的，還另捐了二萬元給公婆起厝；土木是何董義兄蔡先生蓋的，只略收些建材費，一樣回捐給萬善祠。一切真如當初師姐講的，公婆沒有讓我們太費心。

入火訂在農曆正月二十七日。我們提早幾天過去準備，我們將遺骨曝曬、清刷。整理後的骨骸色澤金黃發亮，難怪古人把撿骨說成「撿金」，遺憾的是我曾刻意小心翼翼挖出的一個頭顱骨，在秋香揹下山時壓碎了！

因為我不懂風俗，連牙齒都一併撿起來。後來阿堂師看到，笑說牙齒不能留，會傷到後代子孫。所以我把一顆顆牙齒拔下來，放在奶粉罐，幾乎裝滿了，現今儲放在祠堂內。會傷後代子孫？幾百年後誰的子孫？我無法想像……

（二〇一五．一．七，前幾段）

波瀾壯闊的移靈大隊

世間當邪惡充斥、一片黑暗之下，正義、正面的黎明就會霞光萬丈；同樣的，當光明圓滿、歌舞昇平的時日，黑暗勢力也會捲土重來。雖然綠島金夢談不上邪門惡道，至少就在曙光衝破禁錮之後，平庸的邪夢又再度升起。黃金呢？一，八二〇公斤的金磚尚未找到啊！

阿賢仔的巧筆帶出了人性的多樣，但我無意再生事端。有趣的是，骨骸何以先得暫奉統祥飯店？出洞日秋香如何承擔？過程又何等靈異？

「雖然先輩幫我們隱形似的，我們常在涼亭坐著聊天，隔壁的歐陽媽媽從來不曾『看見』我們，但是我們還是擔憂被文建會的人發現。一旦被發現，先輩不就出不來了嗎！我們起出骨骸二十一包，應該已經清完了，放在平臺上、洞口下，然而萬善祠還沒蓋好，阿堂師擇日也還有一段日子，我們更怕過年前後我們回水里時，不知會不會讓文建會的人發現先輩？而且洞內已經水珠答答滴滴，像下雨般，我們回去統祥拿桌巾，蓋在先輩上，擔心骨骸淋濕。無論如何，總得有人日夜守護著先輩才妥當！所以我和阿堂師、林秀玉商量，先將骨骸迎回統祥暫奉……」秋香等，念茲在茲，簡直更勝於親生父母，於是，他們展開移靈壯舉——偷偷摸摸、瞻前顧後，深怕訊息走光。

「那時我很緊張，而且右腳很痛，都走不動喔，啊，眞好笑，阮阿銓跟阿賢仔在洞穴中，負責將紅布包傳遞上來，洞口上不知是阿堂師或誰人，再接給何董，何董傳給我，我再揹去車廂內置放，一次一次都是二包接遞。我擔心得要死，腳又痛到走不動，因爲從洞外平臺下走的石塊凹凸橫陳，很難走。我揹著沉甸甸的二袋叫說：『喔——怎麼會這麼重?!』何董罵我說：『妳別那麼三八好不好！不可以喊重啦，妳會愈說愈重！』我只好呼請先輩說：『您嘛行行好！把我這隻腳醫乎好，要不然我膾走啊啦，我腳頭烏膾走啊啦……』事後想來眞神奇，我竟然快速完成任務……」

秋香一生的腎上腺素想必都爆發了！不管現場的狼狽，事後當然很愉悅、開心，這絕對是她的神聖時光，事後每一次重述，都有一道毫光迤邐過海到綠島東北角。有了這次經驗，硬是慫恿著女婿再次到綠島，讓先輩醫治宿疾。

劉志良說：「我的腿疾從北到南都治不好，很嚴重。我媽說有神醫啦，你就來啊！

果然！是先輩幫我醫好的！」神異如此，夫復何言！

接下來上演的，絕對是限制級的靈界大戲，我還是先借助阿賢仔平實的記述：

……一路到飯店，沿途家戶的狗、流浪狗的狗螺聲相當壯觀！到了飯店，阿松笑著迎在路口說：「『人』未到，味先到！」自此以後，那味道大家都聞得到，而且跟著我們到處趴趴走！只有我卻不曾再聞到……

而最精彩的移靈隊伍及過程，則是原本信奉基督宗教的林秀玉之所見：

「一百多位先輩，男女老少朝氣蓬勃，是搭船跨海而來的。他們到了烏石腳大碼頭上岸，由兩位帶頭者引領著展開遊行、遶境。碼頭的階梯就是山洞平臺及洞外山坡。」

「阿堂師帶領四、五〇人，何董帶著四、五〇人，兩列縱隊有若廟會行伍。每位先輩都起乩，一百多尊起乩，就像騎著馬匹、揮動著金剛杵般。林秀玉隨駕狂奔，恰好跑經一座天主教堂，林秀玉跑去跟正好在做禮拜的牧師和修女交涉。林秀玉向他們借道說我們有一百多個先輩要路經教堂前庭。牧師、修女說教堂裡面的是正神，你們那些外面的都是邪教。結果呢？每一個先輩走過教堂正門口，在地上踹了一腳說：『我們才是正神！』且要牧師及修女閃兩邊去！因為從烏石腳走到統祥，必得經過天主教堂。」

「浩浩蕩蕩的先輩正神行列終於抵達飯店。此際，整個統祥飯店都發光，那光芒甚爲亮麗、燦爛，且直衝天際。一百多位先輩就在歡迎、圍觀的人群中作法，舞過一周之後，始就正位端坐……」上述乃何董轉述林秀玉的夢，「我們都擔憂空檔時段先輩在洞中，萬一被文建會查獲，先輩就出不來了。阿堂師問我暫放統祥會不會怕，就這樣移靈暫奉儲藏室那邊，那裡原本就有一格一格的架子，恰好派上用場。過年期間或晨昏，我女

綠島原住民冤魂遺骸經秋香、秀玉、印銓、富祥、阿賢仔、阿堂師等合力運出，且建築萬善祠奉祀，於二〇〇九年二月二十一日（農曆元月二十七日）正式落成入火供祭。然而，該石碑上銘記為「民國戊子季冬」，戊子是二〇〇八年，但「季冬」實已進入二〇〇九年一月，更且，農曆元月二十七日早已過了春節，因此，筆者認為該石碑理應更正為「己丑年孟春」才名符其實，又，若要詳實落款文字記載，應予更正為「己丑年孟春端月廿七日」！（2014.11.10）

兒常去拜，我們也去拜。就是在這段奉靈統祥的期間，我太太做了如是的夢！因爲我老婆是基督教的，嫁給我以後經歷了一些事之後才改信我們這種佛道教啦！先輩可能爲了引度我老婆，才展現一百多個神力似的夢，示現給她看吧！」

除了神奇還是神奇，林秀玉是阿美族原住民，原本對華人的宗教信仰、風俗慣習一無所知，而從小耳濡目染，從而受洗基督宗教，要她改宗易仰，或有相當障礙，不料，這段暫時奉厝的因緣，自然而然讓她改弦易轍，自此心安理得、無掛無礙。事實上，在靈的層次，根本沒有任何形式宗教的差別，只因凡人執著慣習，難以進窺其信仰的終極目的或究竟！

很有意思的，秀玉的夢必須由我來解，這是我的因緣與任務。先輩跨海而來意即他們原本即蘭嶼原住民，或更遙遠年代由巴丹群島、南洋一帶，飄洋拓殖綠島。他們是達悟民族，他們是綠島眞正的地基主、土地公。更早之前，固然有更多南島民族以綠島爲驛站，但似無一落土歸依。而烏石腳成爲碼頭驛站，代表明清帝國鼎革易幟，一批不食清國粟的泉州海民，在陳永華苦心擘劃下，設置幫會反攻大陸，並藉助三太子等宗教的隱性文化，引渡一批批反清復明志士，先是流亡小琉球，且歷經一代，始在清國掃蕩查緝之下，跨越黑潮來到綠島，從而屠殺、盡滅島上原住民達悟族，烏石腳的亡魂，殆爲最後集體一批地基主犧牲地，也是史實被禁錮約二一五年的見證。他們堅守二百餘年

萬善祠前鋼架涼棚乃二〇一三年，秋香、印銓因「先輩」庇佑而經濟好轉，特予加蓋者。（2014.11.10）

的魂魄集中，只爲交代這段滄桑，且只有台灣草根志士的因緣，才可能讓他們不致被遺誤、湮滅。楊尚賢是他們歷盡時空、千挑萬選的唯一，且在傳統隱性文化的應現法理下，足以擔當大任者，還有，秋香、秀玉等，乃至A司機等系列人員，都是成就此一任務的協助者，特別是秋香等，他們心志的轉折與精誠善念，終於克竟全功，他們也因自己的轉化，獲致很大的福報與因果。

此間，最大的功德，殆由楊尚賢所必須獨得，因爲他背負的不只三世兩重因果，很可能在他外祖父，以及更早之前，請容我大膽臆測，其先祖必與前往綠島殲滅達悟族的泉州人相關，或間接相關。楊尚賢必須承擔的，乃是了卻二百餘年的複雜因果，他必須成爲法師。

朦朧中我也看到了二〇一六年之後，綠島前史必須改寫。隨著先輩遺骸DNA鑑定、遺物碳十四的定年，以及更多考據的完成，且在尚賢法師的奔走營造下，今之綠島「萬善祠」終將新建大廟，矗立萬年之基。

外半章

8-3 集節錄

研究、調查、口述史訪談、文獻考查、文物考據等，猶如開礦，絕大部分挖出的，只能棄置一旁，而只挑撿特定目的下的若干「黃金」。綠島金夢我考出了龐大的資訊，目前我只能交代此一故事。事實上，印銓、秋香、秀玉、志良等人口述的內涵，一大半是在描繪萬善祠落成之後，二〇〇九年迄今，先輩列位神班之後的顯靈事件，例如：

印銓、秋香向先輩祈求全年工作無休，果然連續幾年三六五天，天天有工作，讓他們忙翻天。

二〇一五年三月十七日，萬善祠的年度大祭（劉醇懋攝）；左為李秋香，右為謝印銓。

新竹五峯工程驗收不過，眼見即將慘賠，幸賴先輩扭轉乾坤，承辦人員莫名其妙就蓋下驗收章。

協助朋友，順利向國有財產局買下了懸宕多年的一塊公有地。

反正就是一類萬善爺歷來有求必應的神蹟，甚至於連選舉時找不到身分證，都有賴先輩指點才找出。鉅細靡遺的靈驗，正是台灣神廟發跡，不可或缺的充要條件，坦白說，完全應驗宗教唯一的本質。容我再強調一次，沒有「迷信」就沒有宗教，但宗教最大的敵人就是迷信。迷信也是有爲法。一切法但夢幻泡影，當作如是觀。

不只秋香等信眾，綠島秀玉等信徒亦有一簍筐的奇蹟誌異，依我看，他們都在等待阿賢仔證成之後，爲其一一傳記，成就萬善祠轉型爲《綠島開基大廟》的系列善書。

舉凡這些，我暫時不予置喙。

關於這批骨骸，系列瑪瑙、琉璃手環、飾金、槍矛、長刀等先輩遺物，亟須科學檢驗、求證，夥同綠島開拓史、民族誌，或所謂學術研究的龐多工作，有待後續有緣人或我自己繼續探討。

而凡人最有興趣的黃金夢是否就此塵埃落定，不再海底揚塵、峯頂掀波？我不以爲然。黃金夢等同於地藏王菩薩永遠成不了佛。地藏王發誓：地獄不空，誓不成佛，我向地藏王恭賀祂永遠成不了佛。有人，就永遠有黃金夢！

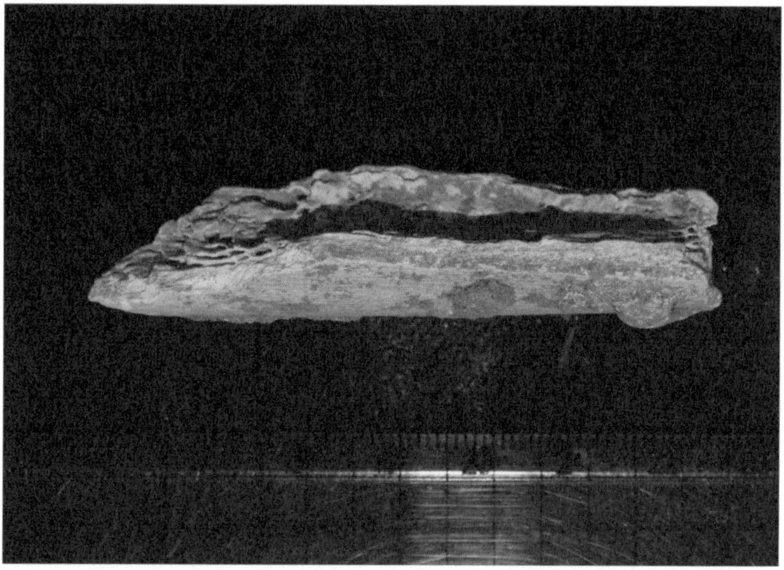

劉醇懋攜回化驗的骨骸。（2015.3.17）

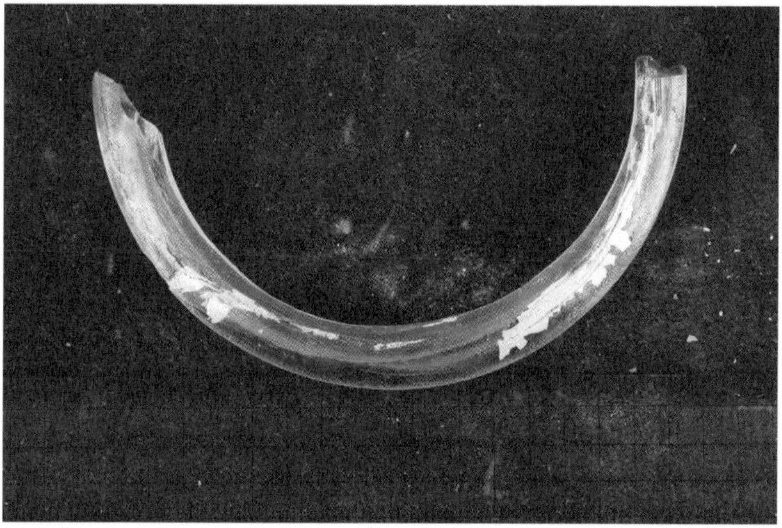

劉醇懋攜回化驗的琉璃。（2015.3.17）

我曾經將綠島黃金故事的來龍去脈、事件要素，依理性、證據，邏輯排列組合出諸多的可能性，並分析其與人類心理學的相應。然以不成熟，不敢端出丟臉現眼，日後有機緣，再予解析黃金夢的宗教哲學。

如今，也該交代我這《綠島金夢》撰稿人究竟在這部大戲當中，扮演何等角色？我呢？勉強可說是化外方士，四〇年受教於台灣山林、土地、萬靈，二〇一四年中，飄洋過客綠島，察覺適可聊充微不足道的觸媒，好讓綠島自然史不再支離破碎或留白，於是，隨順之間，延伸至水里口訪秋香、印銓。

二〇一四年十一月十六日中午，我口訪綠島金夢到尾端，聆聽草根故事關於楊尙賢，諸多情節讓我不禁慨嘆造化神妙。

秋香賢婿劉志良說：「楊尙賢處理先輩骨骸遠比任何人都認眞，絕不輸專業撿骨師。他以刷子、各種工具，精挑細刷，慢慢整理，他就像個雕刻師、藝術家，專注於土中的靈心慧命！他很怕再度傷害遺骸，他很有心！……」

秋香拿出阿賢仔寫自獄中的來信說：「這是他寫來向我……的信……」

突然念頭一轉，我向秋香他們說：「先輩告訴我，阿賢仔在綠島清理骨骸時眞正用心，一心清純！先輩叫我來給他肯定與鼓勵，他會很快出獄，出來以後，他還有未竟大任務。這是一點零用，請你們代我寄給他！」

我感受到所有人瞬時動容。

我回台中以後，寫了一封信寄給阿賢仔，他陸續將綠島的際遇，一五一十敘述。他的第二封信第一段末了寫道：

……我常想，在那海隅怎會造就了一群「道行」極深的公婆，是地理得天獨厚使然？或是極凶厲的惡地所逼出？（綠島居民長期以來，一直以該區爲不吉祥的凶地，一般沒人願意涉足！）因此，您的加入，我沒有半點意外，收到您的信時，我甚至有「終於來了」的想法！期望您講的「冥冥」會做出最好的因果！（二〇一四・十二・二十七）

二〇一五年春，我撰寫這部《綠島金夢》的過程中，領悟、確定阿賢仔本來就是佛門宗師，只緣過去世破戒，今生得受屢劫，且經由綠島先輩因緣而脫胎換骨，重返清淨地。因此，我敦請他開始回溯一生際遇，如同玄天上帝剖腹，拉出腸肚洗淨，得道之後，再回收成龜蛇，濟化世人。

藉由此半章，我將阿賢仔開始嘗試的信，臚引一封如下，聊表後續章回之前引：

教授您好：

其實很多事想通了之後，就沒什麼好納悶的了，不止是綠島的事，認真在想，就我個人來講，不也是由許多的「因」持續累積，才造就今日獨一無二的我嗎？這個「我」，過去不管是好或不好，也絕對不是渾然天成的，不會有人一生下來就屬於天生的壞胚子。說起來相當諷刺，種下惡因的種子，竟然是我那時的學校老師，也就是您書中的KMT，在本該是快樂的學習天地，可在我卻是宛如魔鬼橫行的地獄，起因於北京話和母語的矛盾和衝突。因為偏遠如荒島，分配到玉峰國小的老師是何種素質呢？您一定很難想像，是的，當年從中國大陸「打輸走赢」的老兵，後來國府為照顧他們自己的人，硬是安排那些人充當我們的先生，您試想，當一些天真的騃童，一進到那種連話都聽不懂的地方，要如何學習呢？

教學的先生是個老山東人，說起昔日在大陸的「勇」可一點也不含糊，但是在ㄅㄆㄇㄈ上，就教得一群人霧沙沙，最讓我痛恨的是抱著女同學猛親，檢查她們穿內褲了沒，那叫衛生課！可是如我男學生呢？打、罵、羞辱！山東的北京話聽不懂，打；沒帶衛生紙，也打！教學無半撇，可是執行「上意」就發狠的忠，尤其在推行「狗」語，不准講母語的事上，我被羞辱的（得）最慘，或許您的成長環境、資源較優渥，您可能難以想像，就衛生紙一事，那年代，我們很多家庭甚至都還不曾出現，拉完都是以竹片抹之或水洗，所以，後來我不知從哪弄到五張衛生紙，跟了我許多年！這是順便提起的題外話，重點在於母語與北京話，那面「我不該講台語」的牌子，常常都吊在我心口到放學、直到現在！可笑的是，當時嚴令不能講台灣話的那些人，每逢選舉時，都一再在媒體上說「咱攏罵死台灣人」令我作噁！

我引用您在《台灣素人》，許淑蓮女士章中的話：「我會在此刻開始，我的人生要從一張白紙開始。」想想也很可笑，過去，我一直活在自顧憐艾、忿忿不平、怨責不公不義，閉鎖的心懷怎能有逆轉的奇蹟呢？我今明白了人生不可能樣樣都美麗悅人！是我欠缺智慧，忘記了如騃童時，跌倒了，馬上爬起來，拍拍泥土，然後咧嘴一笑，繼續往前走的智慧。現在，我決定重新我的下半場，我知道一切不嫌太晚！過去心，不可得，未來心？或許也不可得！但當我決定重新的這一刻，就已經是一張白紙，可以任我塗上我想要的色彩，而且我深信，當我轉念之後，也能如淑蓮女士說的：當我想什麼，就會出現什麼，做什麼都會有冥冥在其中巧妙地安排，讓我走下去；我不認識什麼人，沒刻意去找，但在適當的時機，就會出現適當的人……。這些感覺不也都如實的發生在我身上了嗎？普門示現，應以天、龍、人、非人得度者，即皆現之而為說法……。這些經典我都讀熟了，連同聖經、道德經也讀過幾遍，但讀不出真正的心領神會，智識不足！現經由您從根芽旁引，終能看見整棵大樹，陳玉峯的「應現」說法，如醍醐灌頂，《印土苦旅》我會繼續看下去。謝謝您，非常thanks。

我每晚都聽快樂聯播「台灣尚大黨」，可惜的是白天不能收聽，我會注意是否有重播。我刑期十一年二個月，離假釋仍有一些時間，至少四年才得歸鄉。至於您的建議「回憶錄」可能難行，一是我筆拙，二是我不是什麼人物，怕貽笑了大方。謝謝您對我的抬舉了！另外，也因我前面提過，這裡有一些寄信的規定，我一星期只能寄一封信，所以就先擱下，待來日我成就後，能有利他的價值時再說了。年近了，我亦深深祝福您健康、如意！繼續為這塊山林土地發聲。

祝福您闔家

新年快樂！

劣 尚賢 頂禮合十

二〇一五・二・二

附錄

9-2 集節錄

綠島藏金物語

歷來關於綠島藏金的故事，我看過、聽聞許多版本，無論是空穴來風或道聽塗說，並逕自加油添醋，反正天地畫布大塊，誰都可橫加彩繪而無傷大雅。下列，我將謝印銓等人的說法引介。

綠島藏金至少有兩次歷史緣由。

鄭成功打下台灣之後，荷蘭人保留其金銀財寶撤離。其中，一艘載運黃金的船艦不幸偏離航道，隨著黑潮而觸礁，地點約在牛頭山外海。船難的荷蘭人不得已登陸綠島。他們跟綠島達悟民族洽商，僱請在地原民擔任搬運工，將船上寶物悉數搬下，並將五十二大塊金磚藏進烏石腳的海蝕洞。

搬運完成後，荷蘭人唯恐黃金被盜，採行集體屠殺，將這批原住民滅口、掩埋於同一洞穴。之後，荷蘭人上山，打算尋覓木材等物資再造船艦，然而，他們遭遇報應，不知是紅蟲或何等病變，他們悉數亡命於綠島，無一倖免。而黃金也不知所終。

後來，曾經有日本人拿地圖對照現地找尋，亦不了而了。其傳說的藏金高達七噸。

另一版本或第二波藏金，發生在一九四五年日本投降。

二次大戰或太平洋戰爭期間，綠島成為日本寶藏的疏開地點之一。降服後，迫於交接日急迫到來，六個日本軍官押著五十二個士兵，每位士兵抬著一塊三十五公斤的金磚，準備要去山洞掩埋、隱藏。軍官打算在士兵掩藏金磚之後，集體屠殺，避免藏金秘密外洩。不料士兵也暗自串聯好，先下手為強，殺掉了該六位軍官。據說軍官最大的位階是大佐。

這六位被殺的軍官似乎是阿鳳師姐口中的，守護黃金很凶悍的六位日本人。

印銓另說：「我們這邊另有位通靈的太太，我們事後去請教她。她說黃金藏在我們下去那個洞的右側。她一說，我立即想到是我們挖進一、二公尺都沒有骨骸的地方，我們沒再挖下去，換到另一邊去挖了！」

我問：「你的意思是再往內挖就找到真金了？」

秋香答：「但我們現在不想再挖了！師姐剛去綠島原本也說是那個地方藏金。」

印銓說：「先輩前來託夢，叫我們不可以再去挖金了！如果可以挖掘的時候，祂們會再來通知！」

秋香語多感慨：「我們那時如果挖到金塊，可能如今我們都『愛』死呀！（愛死指應該已經死了）」

台灣命運咀咒的大破

台灣華人開拓史將近四百年來的命運，除了鄭氏開基短短約二〇年擁有自主主權之外，多淪為被殖民地、次殖民地的政治地位，甚至到了民選總統李登輝，還在慨嘆「台灣人的悲哀」，他卸任後則發出「奴隸當久了，建不了國」的悲鳴。扁政權八年末葉，簡直被下了歷史的咀咒似的，在外來政潮影響下，否定且出賣台灣主權的馬統政權，更將台灣主體靈魂踐踏到底！

為什麼台灣人始終如此命運乖舛？經由綠島金夢的洗禮、冥思、靈悟之後，我確定至少有部分的成因，肇自華人進入台灣島之後，大規模屠殺原住民，並摧毀演化二五〇萬年以上的自然生態系及其內中兆兆億億的生靈，而且，迄今從未予以平反！依宗教原理及生靈交互影響或作用，台灣人及外來政權歷來所造的這個龐大的業障，如果不能經由國家體制敕令自責、自悔，向土地、生靈求懺、回向，則總體業報始終存在。

讀者切勿以為這是迷信，事實上，它反映的是社會、國家總體，向國土的認同，且承認向這片國土的總皈依，這也是靈山聖地，國人死後歸依的總場域，它是土地倫理、土地文化的總象徵！相當於古代帝國祭天、祭地、祭社稷、祭山川、祭列祖列宗的總成。台灣各個外來政權都有其象徵「太廟」的祭儀，唯獨從來忽略（故意忽略）台灣本土的靈界！

再度具體舉例。荷蘭屠殺原住民及鄭芝龍遺衆的郭懷一等華人上萬；鄭成功、鄭經命劉國軒屠殺中台灣沙鹿平埔原住民約六百人；清國歷帝屠殺反清義勇軍、原住民；日本屠殺台灣人不知凡幾；國府之後白色恐怖乃至今之食品毒害國人，舉凡知其所以、不知其所以的冤魂，夥同海拔二，五〇〇公尺以下，原始森林生態系覆滅的所有冤魂，絕對有必要依國殤大典，昭告四百年國怨之大懺，向天地生界無生界求饒，而後才可能奠定永世國家屬靈的基業！

扁政權最後一年，我曾前往總統府與阿扁總統洽談一小時。當時我思慮未深，只向其建議從未有總統登上玉山，他可權充表率，宣誓國土認同，彰顯國家土地的倫理大義。奈何隔幾天紅衫軍叫陣，原本計畫中的玉山之登遂告胎死腹中，誠乃大憾！

如今，我經由八年宗教哲學的沉澱、體悟，加上此度綠島英靈的啓發，終於了悟國族、國家的歷史根源處，有待二〇一六年本土政權扭轉乾坤，了卻四百年未曾進行的，遲來的靈界的轉型正義。同時，在此我亦呼籲，二〇一六年之後，也該設置台灣國家太廟，一舉釐清國之根本。

阿賢仔另封來信

教授您好：

今年的年假，我覺得很不一樣，您的空中話語我都聽到了，謝謝您！地球與太陽之比是如籃球三十四公尺外的一顆綠豆，而且自轉一，六〇〇公里時速，哈！這就超乎了我的知識以及想像空間。您的節目相當精采，我一位同房舍的人說，您的聲音倘或於歌唱定也相當不凡！

《台灣素人》、《印土苦旅》我都閱畢。因為有您們的默默付出，現在台灣政治將有希望漸清明。於書中，我領受到了實有的不生不滅的精神與真心，而這「實有的真心」亦是自然之道的一個縮影，最令我心口皆服的是「做事人在，事成走人」這句話，我將受用、銘記餘生！我在想，不論您是以文字傳播，或以電音空中擴散，您的妙語、妙音，普及四方的功德才真是人間菩薩！至於您信上說我該是法的師，我聽懂您的意思，我受教，並願意去努力。身在最幽暗谷底的人，要成功，易如反掌！只要不再隨波逐流、墜落，握緊每一個良善的因緣，每往光明處攀爬一步，就都是一個成功了！謝謝！

趕在您《綠島金夢》付梓前，我再補上一些。從《印土苦旅》第二三八頁「K教派的蓄長髮、加髮梳、配短劍、戴手鐲……」談起。這種宗教儀軌規定，讓我想起綠島的公婆身上不也是有配刀械、手環嗎？刀械的部分，在當時我即有一些疑問，因為其厚度只略比現今的西瓜刀厚一點，長度則短了一些，這樣的重量似乎不適合爭戰時的近身砍殺，當初把公婆想成是海上強人是我不敬了！又，刀的前端是平齊的，原本就少了刺殺的尖銳功能，最重要的是，刀械的鋼質硬度，我是鄉下人，明白鋼質愈佳的刀械，倘若誤擊或受壓力則愈容易碎裂，但公婆的刀械在我發現時卻是很多被壓變形，成S形。所以，我現在臆測它們或許只是用來配戴在身上好看的，或另有象徵意義而已。另外，在看完了《印土苦旅》書上的照片之後，我想那些玻璃手環、飾球珠也沒什麼珍稀，所以和想像對映之後，那些刀械等物，似乎和宗教較有相關的可能?!另外，遺骨和遺骨之間都有一層海砂，那些大量的海砂，以現今的聯結砂石車計算，大概不會少於二台，試想，要將那些海砂搬到上面的工時，以及為何要如此大費周張（章）？是否因生前彼此的感情？加害之後又不忍其屍骨曝露嗎？可是感情、禮遇的想法，卻又在我之前提到的，那處硬折塞進去很多位幼童的洞坳中，顯得大不相符，因為任何人都能從一堆變形、雜亂的遺骨之中，看到一幕至為殘暴的畫面！在整個過程中，那是最令我心境起伏劇烈的地方，祂（它）們深深拓印在我腦海中深深！如此差別待遇，除非祂們的地位低到不被當人看待嗎？從《印土苦旅》十五世紀的了解，是個宗教動盪的年代，不斷侵略、逃亡、遷徙以之用來聯想公婆落難於綠島的可能性……。對了！我在國中一年級上學期的社會課本上，看到台北十三行文化遺址出土的遺物中，有和綠島發現的玻璃手環、瑪瑙飾珠一樣的東西，課本中僅略提台灣是在哪個年代開始與外邦通商貿易。請您查「南一書局」出版。此外，我再談我們確實體驗了公婆的「道行」，類似神通的一切，我深信不疑！尤其綠島的居民為經年累月的靈異現形作弄，嚇得沒人願意到那海隅，視其為不吉祥的禁忌之地。令我玩味不透的是，公婆既然擁有類似我們講的「神通」，但為何仍受困在此地數百千年都不得脫離呢？是否陰間律法有非自然老、病、死者不得他去的不自由限制？但是那天阿堂師只一聲「走囉！」公婆就能蜂湧而出，然後到處「趴趴走」，這是不是很有意思呢？我們只不過是一群平凡的不能再平凡的人，甚且具足了貪、瞋、痴，雖然後來每一個人都為了公婆盡了一分心，但還是凡人！陰公陰婆又怎能夠因著我們的一聲「邀請」就可以離開了呢?!如此想神、鬼、人三者之間的互惠關係為何呢？或可說鬼神亦有辦不到的事，而人卻是輕而易舉地幫了無形，甚至還不知道自己幹了什麼好事！那麼有形體的人「心」是不是也很「神」了？只是不知善用而已！在二個多月撿骨當下，是我一生中最純淨的時刻，忘了一切苦惱，包括被通緝、官司及未來，一心想儘量完整祂們的遺骨，只想幫助祂們離開那裡。我是個生命有缺憾的人，自然對受苦的人有著一分悲心。那段日子，我們都在天未亮之前回到飯店，盥洗之後我常走到飯店前方的小橋，躺臥而仰望天空的星星，試圖釐想到底是怎一回事。有次或許太累了，半昏半醒之中，似乎神遊回故鄉的小廟「三姓公」，聽得聲音說：阮會甲女逗三工，去！我嚇得差點跌到橋下。「三姓公」是我最信服，且能與之相應的小廟。我略過，談不完！教授，老實說，在一開始寫這些經過時，我先入為主了您的高知識，不信怪力亂神之見，故在敘述時多少會有些躊躇或省略，以及我曾強調不意外您的加入，只是萬萬想不到來的竟是不得了的「大咖」，並且從您的信中，我似乎在想什麼您都知道似的，這一點就有些那個了？不管驚或喜，能有您如此識多見廣的大人物在用心，深信定能追出很多故事，今天寫太多了，會讓檢查書信的主管長官不便，他們的工作本就繁瑣，如果在其他單位只能一次寫二張信紙，所以下下星期，我再寄給您，順向主管長官致意。另外，特別感謝您寄的紅包，謝謝！

鑑明則塵垢不止，止則不明也，久與賢人處則無過。——《莊子》

劣 **尚賢** 敬上

二〇一五·二·二十八

附錄四之前的

特別附註

陳玉峯

生命流變、世事滄桑，頻常是瞬息而面目全非，但若能洞燭因果結構，即可觀照流變趨勢，甚至了然來世！

大化流轉皆有其時，所謂「逢機」的最大關鍵即「得其時」、「逢時」。

我撰寫《綠島金夢》第六「外半章」旨在為未來的「尚賢法師」鋪陳序幕。

二〇一五年二月二十八日阿賢仔寫了二封信給我，一封即附錄三；另一封遲至三月十七日我才收到，此乃因監獄檢查、審查制度使然。隨著阿賢仔的來函，一如我之所料，天資敏銳的他漸入佳境。

附錄三之後，乃本書已完稿後的後續。本書撰寫如同生命現實，只有前行，絕無後修，我不願因後來的新資訊而修改前稿，如此而忠實檢驗生命靈覺與流變的相關或落差。

我過了六〇歲之後，才稍可對「時」有所參悟。

二〇一五年元月，我了悟為何是玄天上帝導引秋香、印銓挖金，因為玄天上帝是鄭成功三世及陳永華時代的台灣主神，由於反清復明才有泉州人流離小琉球、遷徙綠島，從而屠殺綠島原住民，玄天上帝有「責任」了結此番業障。至於觀音，誠乃生靈本然自性，應物現形，無庸贅述。

阿賢仔一些後來來信的疑惑，其實在書中早已交代。

本書只收錄到阿賢仔尚未寄來的一封信（預訂編爲附錄五）為止，畢竟「金夢」早該段落結束。

誌於大肚台地
二〇一五年三月十八日中午

阿賢仔來信（三月十七日收到）

教授您好：

今天適逢二二八，我再把前未向您提及的，新生訓導處白色英魂的事告訴您。在我們過去綠島之前，松柏嶺的師姐透過印銓兄，給了我一紙玄天上帝的神咒，並叮嚀、交代務必背熟，從其「叮嚀」的態度，我照辦了！後來第一次經過新生公墓時，那百來公尺長的路，是我對陰界有感以來最強烈的一次，之前至多只一男一女的相見和捉弄，可是那小小的海岬一隅，接收到的「訊息」似乎全部都是，心中的驚慌也就無須再說了！所以此後每次經過第十三中隊前後，我口中唸唸有詞，腳下急步走過，還以為和未見過的師姐要我持咒的對象即是公墓那裡啦?!因為那時候尚不知道白色英魂的典故，只知道那地方很「奇怪」，和一般墓仔埔不一樣，心中的迷惑自成罣礙，所以藉著玄天上帝來壯膽！現在知道他們也是不自然地老病死，他們會在那裡就一點也不奇怪了！

差不多是在挖到公婆的遺骸不久之後，我跟印銓兄說不要再唸咒了！因為兩個地方的陰公陰婆都是受苦的魂魄，如果咒語對我們有益的話（?），那麼，對他們可就有害了（?），印銓兄也同意說：好。好像從那之後，我就沒再「怕」的感覺！如果不是現在回憶，我也忘記了從什麼時候開始喜歡上那個地方的？現在我想，可能早就知道那地方有問題的師姐有點那個（？），我不會形容。後來我才知道五十二她也有一份。當時我其實也不太懂什麼禁忌或宗教，我看到的是一幕受苦難的人，只看到一個又一個，如果說真有忘我的境界的話，大概就是在那山洞裡面，讓我真正忘記一切，包括忘了自己。我之所以要談白色英魂，不只是我感覺得出他們在那裡而已，是有一回我內急，在靠近公墓的那間水泥屋後面山坳處看見一具遺骨，但當阿堂師過去時，我告訴他此事，並問能否日後一併請入萬善祠，阿堂師說可以，但是我們去看時已消失了！依凹洞裡的蜘蛛網攀佈判斷，也不是有人先一步拾走，我問經驗老到的阿堂師是怎麼一回事？但只得一聲大笑。根據何董的說詞，那間小屋是戒嚴槍決政治犯的地方，此外何董也另說了一些那地方的典故，但從他的眼神裡，我看得出是他在胡扯，目的只想嚇我們。想想也很有趣，年代久遠的山洞公婆（可能？）用幻化一堆金塊作為故事的開端，引導我們去挖出他們，但白色英魂則離我們不遠，卻留下讓我迷惑不解，幾乎天天都有他們存在的念頭浮現腦際，我常想著，是不是他們要我為他們做什麼？或我能為他們做什麼？如果依萬善祠的陰公陰婆，經年累月修得有類似神通的道行，依然敵不過冥界的律法限制，或累世業力的膠粘？那麼白色英魂就不也一樣嗎？假若說：像我這樣渾渾噩噩一輩子的人就可以牽引公婆們離開的話，那麼，不就說明了有很多的白色英雄直到斷魂時，都沒有親眷去為他們做接回的儀式？甚至以為人間蒸發了？從今天新聞討論，一說至多一萬多人，又一說至少有二萬六千二二八受難者，如此想，斷命在綠島那最偏僻一隅的英雄，是極有可能從未有人去「邀請」他們離開該地了?!如是的話？未免太冤了！栩栩如生的蠟像，人權園區裡空有塑像紀念，可是他們的精神（靈魂）不在那裡，是在不遠的公墓雜草掩沒處！我再想，如此的話，那麼山坳下骨骸的消失，是該消失的！否則阿堂師過去時，就只「他」被我們撿走！了事之後，我則不再懸念不休！下面的我無法講了！或許我現在能做的，是先央請何董在清明之後，去看看有多少沒人去除草祭祀的。如果說神通敵不過業力，那麼願力呢？綽綽有餘吧！

以下是我未曾告訴您的一些趣事和疑惑，我說開頭提醒，詳細的，則視您的需要與否，然後您再和當事者談！我說不完。a.何董的小女兒有次也到山洞，她有看到很多無形在山壁上；遺骨暫放飯店時，她會半夜獨自去倉庫拜公婆，那年她是國小五、六年級的小女生，半夜去拜的可是如小山堆的骨骸，她究竟看到什麼？b.每次我們欲回飯店，都會請公婆護送我們。有一次因傾盆大雨，秋香嫂隨口請公婆留一夜，那一夜發生的事令我聽後，樂壞了！c.秋香嫂如何揹下大部分骨骸下上山的，用飛的嗎？還有她口中說有一人矗在旁邊一直看，可是那個人可沒其他人看到？d.在我們過年後，過去整理骨骸時，印銓兄的小女兒車禍，醫院病危告知，可是一星期後活跳跳的經過。e.自萬善祠入火後，公婆常到水里印銓兄的府上，在座的人都在同時聞到味道，只有我例外。至於我則又走回我的毒生活，並延伸偷竊、強盜等妄作生活，並新舊案合併成現在沉澱的機緣，一切都好像很「應該」如此的發生，我也很自然地在過日子，如果說有什麼不一樣，或該視為奇怪的事的話，是在我被逮前一個月時間，刑警一次到我老家找我，我被他們從睡夢中叫醒，但其中一個誤認我是他的同學，我沒說半句話，莫名奇（其）妙地看著他們離去，臨去前還說：「我頭變禿了，你當然認不出我。」那時我早已被南投、台中法院通緝！第二次則在集集我三姊的住處超商門口，被緊鄰的分局警員認出盤查，我說我不是楊尚賢，他們問那麼你是誰，我回說楊尚禮，我更胡亂報上身分證號碼，誰知他們的電腦壞掉，放過我！我真的被逮捕的前一晚九九．十一．二十五那一晚，依據我姊夫的責問說法是，我一夜坐在床上面壁一直講話，似乎在和人爭論什麼的口氣，過去我從未有過這種情形，因為當時暫寄人籬下，又吵了隔房的新生兒已難為情了，加上第二晚即進來至今，所以沒有機會問清楚。鄉下的看守所夜晚，只有我一名新收，核對完資料，我到中央台前右側盥洗換囚服，動作畢回頭，看見戒護的管理員臉上佈滿驚恐問我：你有看到剛才在你後面的二個人嗎？我隨口回他：我知影。其實我並不知道！在這特殊的環境忽然看到「閒雜人」肯定令那位先生丈二金剛摸不著頭緒！這是我最後一次經由他人的口中知道公婆的「相送」！哈！是否很匪夷所思呢?!事情也差不多這樣了。

可是在這寫寫想想的過程中，竟然無意中給我悟出您要我寫傳記的用意，從挖出一堆過去臭穢不堪的「苦惱史」過程，心境起了很多變化，想得深時，心揪作一團，隱隱作痛、慚（懺）悔不已！不經意產生的是自省，是自嘆！為何那樣做，而不是這樣做?!太多的錯，反覆在想之後，缺憾的生命似乎看得到一道道的光源，只有知道錯在哪裡，問題出在什麼地方，才能修正吧！否則只有越改越錯、一錯再錯！這種感覺是否就是您說的「滌清腸肚，自淨其意」呢?我會努力，再謝謝您的用心。

祝 平安、健康！

教授，您寄的綠島植被稿，今三．六收到了，謝謝您！我會找時間看！

劣 **尚賢** 合掌

二〇一五．二．二十八

阿賢仔來信（三月二十六日收到）

教授您好：

每一個監所在書信檢查上都有一定的嚴謹流程，所以您寄的《綠島金夢》也不例外地，會晚一點時間才到我手上。這一點，我需要先向您報告。《金夢》大致都沒問題，而且還相當精采呢！其中不僅是我們的故事，投海幽女、新生訓導、職訓隊的演化和變態，都讓我有感意猶未盡，何況是一般人?!何董在北市公車選理事或長的時候有則趣味的故事，或可添加更多高潮點，請您問他如何被人用槍抵住頭，爭誰才是真正的綠島「大哥」。另則故事是他童年時，如何幫逃亡的職訓隊員買食物的過程。這二則故事都有趣極了！請您去電問他。除此之外也順便幫我問綠島現任鄉長的大名，我想印證一件事。《金夢》惟有我們進警所的部分，是我覺得不妥的地方。我早為二法院通緝，可我進警所卻能全身而退？這有縱放的疑慮，任誰神通廣大都有點哪個（？）於警所的立場會相當難看、難以解釋！現今網路太眼尖了，這點請您斟酌。事實上，我們沒和警員碰過面即落荒而逃。如果說我在過程中有和警察碰過面的唯一一次，是我的壓制毒癮替代藥「舌下碇（錠）」用完。那一次我獨自趕回草屯療養院拿藥之後，重回台東時，在山上的檢查站被攔下，但奇蹟的是連我自己要求採尿都不用就放我走，這有違一般警局的作法，毒品列管沒去按時報到驗尿就是失聯毒品人口。那一次我有兩種想法：一是無形，再則是我去秋香嫂子的家順便帶的兩箱醬筍等物品，紙箱上面寫有綠島何董的全名和地址，大概本來是要用快遞寄的，我剛好回去，秋香嫂電話中叫我去他（她）家載的。重點不在於箱內的醬筍之物，而是紙箱外面斗大的綠島和人名。就我曾去何董在台東市的另一住家，據知是公務人員的宿舍，沒人告訴我，但我的直覺，宿舍的主人翁是警官！看，我之前提的，天龍、人、人非人都暗中應現了！而讓我明白應現的，是您的兩本書，所以，請您，我很想再看您的書。我把話題扯遠了！抱歉！另外能否請您在「十三中隊」上多著墨一些，因為祂們在我身上起了功用？只是我尚不知如何來說清楚，也可以說是我尚在糊塗狀態，搞不懂我是誰、誰是我、誰是誰是誰、誰是……？如果要強說的話？我很想引用您的「思想植入他人說」似是的感覺，就是我之前提過的：我想什麼，您好像都一清二楚（註：尤其看完《金夢》之後，更讓我加深這種感覺！）至於我對您的部分？嘿！先讓我再試一陣子再說了！一般，什麼特異能力，大半都是巧合或作弊，但當忽然發覺自己變得很不一樣時，自然就會「牽拖」給看不見的人。這幾年來，我過得極平靜，話也更少了，可我並不孤單、昏昧，反之是一種清明。如果您的「植入說」能成立的話？那麼我依稀知道數十年前的一群菁英在逼迫著我上岸。是故，請您多費一點心思在

「十三中隊」。能讀到您的書是一種享受與福氣，在讀者群中定是不乏熱血之士！另外，我很贊同您的「神靈相助」論，一握筆即無法停下，一直寫、寫、寫。怕跟不上思緒般地感覺我正在體驗中，光這一點就夠奇異了！

您的山林書和佛傳系列，很無聊，但卻很有用，將來我肯定用得上，謝謝您！祈敬

福體安康！

劣 **尚賢** 敬上

二〇一五・三・十八

6-3集	https://app.box.com/files/0/f/3688225499/1/f_30696324727
6-4集	https://app.box.com/files/0/f/3688225499/1/f_30696352551
7-1集	https://app.box.com/files/0/f/3688225499/1/f_30696379311
7-2集	https://app.box.com/files/0/f/3688225499/1/f_30696404621
7-3集	https://app.box.com/files/0/f/3688225499/1/f_30696433067
7-4集	https://app.box.com/files/0/f/3688225499/1/f_30696461799
8-1集	https://app.box.com/files/0/f/3688225499/1/f_30696489069
8-2集	https://app.box.com/files/0/f/3688225499/1/f_30696520483
8-3集	https://app.box.com/files/0/f/3688225499/1/f_30696552769
8-4集	https://app.box.com/files/0/f/3688225499/1/f_30696586213
9-1集	https://app.box.com/files/0/f/3688225499/1/f_30696619793
9-2集	https://app.box.com/files/0/f/3688225499/1/f_30696654503
9-3集	https://app.box.com/files/0/f/3688225499/1/f_30696684887
9-4集	https://app.box.com/files/0/f/3688225499/1/f_30696715529
10-1集	https://app.box.com/files/1/f/3688225499/1/f_30695711943
10-2集	https://app.box.com/files/1/f/3688225499/1/f_30695739109
10-3集	https://app.box.com/files/1/f/3688225499/1/f_30695765063
10-4集	https://app.box.com/files/1/f/3688225499/1/f_30695797675

帳號：avanguard1982@pchome.com.tw
密碼：avanguard

10-3集節錄

《綠島金夢》廣播版放送（全集）

1-1集	https://app.box.com/files/1/f/3688225499/1/f_30695600485
1-2集	https://app.box.com/files/1/f/3688225499/1/f_30695628837
1-3集	https://app.box.com/files/1/f/3688225499/1/f_30695657279
1-4集	https://app.box.com/files/1/f/3688225499/1/f_30695684793
2-1集	https://app.box.com/files/1/f/3688225499/1/f_30695825291
2-2集	https://app.box.com/files/1/f/3688225499/1/f_30695853529
2-3集	https://app.box.com/files/1/f/3688225499/1/f_30695881611
2-4集	https://app.box.com/files/1/f/3688225499/1/f_30695908685
3-1集	https://app.box.com/files/1/f/3688225499/1/f_30695937199
3-2集	https://app.box.com/files/1/f/3688225499/1/f_30695964893
3-3集	https://app.box.com/files/1/f/3688225499/1/f_30695991413
3-4集	https://app.box.com/files/1/f/3688225499/1/f_30696019147
4-1集	https://app.box.com/files/1/f/3688225499/1/f_30696047421
4-2集	https://app.box.com/files/1/f/3688225499/1/f_30696073845
4-3集	https://app.box.com/files/1/f/3688225499/1/f_30696100633
4-4集	https://app.box.com/files/1/f/3688225499/1/f_30696128117
5-1集	https://app.box.com/files/0/f/3688225499/1/f_30696156345
5-2集	https://app.box.com/files/0/f/3688225499/1/f_30696183933
5-3集	https://app.box.com/files/0/f/3688225499/1/f_30696212057
5-4集	https://app.box.com/files/0/f/3688225499/1/f_30696239809
6-1集	https://app.box.com/files/0/f/3688225499/1/f_30696268609
6-2集	https://app.box.com/files/0/f/3688225499/1/f_30696298267

1號 印花　故事大禮包

玉峯老師拍攝綠島采風明信片一組（12 張）
玉峯老師山林書院叢書《私房菜》一冊
（25K 全彩，304 頁）

2號 印花　黃金折價券

前衛 • 草根全書系定價 6 折折價券一張

◎使用方式：可持折價券親駕前衛購書，或來電告知折價券序號，貨到才付款。
◎使用期限內限用一次，不限消費本數。貨到付款未滿 1000 元請加 50 元郵資。
◎前衛門市：台北市中山區農安街 153 號 4 樓之 3，電話：02-25865708。

3號 印花　參加抽獎

頭獎：綠島統祥大飯店三天二夜套裝行程優待
（一名，一人中獎二人同行，市價 6,400 元）
二獎：玉峯老師山林書院新書《綠島海岸植被誌》一冊
（十名，作者親筆簽名紀念版）

綠島探索隊
好膽
召集令

感謝您購買本書，為
回饋您對前衛的支持，至
2015 年 8 月 31 日止（以郵戳
為憑），只要您剪下書腰折頁
上的印花（影印無效）貼在回函
卡上，填妥資料後寄回，除可
兌換贈品與折價券，參加抽
獎的幸運得主還能免費暢
遊綠島三天二夜！

【注意事項】

◎本活動僅限台灣地區讀者參加。

◎回函卡上印花數無硬性規定，一種印花即送一種贈品。

◎回函卡因填寫不清、填寫錯誤等導致無法辨認者，抽中無效。

◎贈品兌換期限至 2015 年 9 月 30 日止。

◎ 3 號印花得獎名單於 2015 年 9 月 10 日在前衛 FB 公布。

◎綠島統祥大飯店三天二夜套裝行程限平日使用，套裝行程優惠至 2015/10/31，詳情請上統祥大飯店網站查詢。http://ts.okgo.tw/disview.html?sid=3233

◎相關兌獎問題請 e-mail: a4791@ms15.hinet.net 或電 02-25865708。

◎前衛保留綠島探索隊活動辦法的最終解釋權。

國家圖書館出版品預行編目（CIP）資料

綠島金夢 / 陳玉峯著 . -- 初版 . --
臺北市 : 前衛 , 2015.06
224面 ;15×21公分
ISBN 978-957-801-771-9（平裝）

856.9　　　104008799

綠島金夢

策　　劃　山林書院
贊　　助　蘇振輝
著作·攝影　陳玉峯
打　　校　吳學文
責任編輯　陳淑燕
美術編輯　余麗嬪
出 版 者　前衛出版社
10468台北市中山區農安街153號4樓之3
Tel: 02-2586-5708　Fax: 02-2586-3758
郵撥帳號:05625551
e-mail: a4791@ms15.hinet.net
http://www.avanguard.com.tw
出版總監　林文欽
法律顧問　南國春秋法律事務所林峰正律師
出版日期　2015年6月初版一刷
總 經 銷　紅螞蟻圖書有限公司
台北市內湖舊宗路二段121巷19號
Tel: 02-2795-3656　Fax: 02-2795-4100

定　　價　新台幣400元

Printed in Taiwan ISBN 978-957-801-771-9

綠島探索隊抽獎回函卡

貼印花處

1號印花 ×____　2號印花 ×____　3號印花 ×____

基本資料

姓　　名：______________________

出生日期：______________________　　性　　別：□男 □女

地　　址：□□□□□

____

電　　話：______________________

手　　機：______________________

e-mail：______________________

個人資料處理條款

- 依個人資料保護法規定，前衛將對您提供的個人資料予以保密。您有權隨時查詢、補充、更正，或要求刪除您的個人資料。
- 本人同意前衛得使用以上本人之個人資料建立讀者資料庫，做為寄送出版或活動相關資訊、廣告以及與本人連繫之用。在不洩露本人個人資料下，前衛可依本人之個人資料做成讀者統計資料，並可就該統計資料做合法使用及公布。